SI PUGES AL SAGARMATHA QUAN FUMEJA NEU I VENT

Josep Francesc Delgado

Si puges al Sagarmatha quan fumeja neu i vent

PREMI JOAQUIM RUYRA 1988

COLUMNA JOVE

Vintena edició
Quinzena edició en aquesta col·lecció: gener del 2002
Projecte gràfic: Columna Comunicació, S.L.

Columna Edicions, S.A.
Carrer Provença, 260 - 08008 Barcelona
ISBN: 84-7809-154-8
Dipòsit legal: B. 2.885-2002
Imprès a Hurope, S.L.
Carrer Lima, 3 bis - 08030 Barcelona

Els plànols de les pàgines 14 i 15 s'han tret del llibre *Everest, el regne d'un somni*, de Manuel Mateu i Ratera, editat pel Centre Excursionista de Catalunya.

Al Pepe, ermità heroic de l'aresta oest; pels dies solitaris, demiúrgics, que hi passà. I a la meva germana, perquè m'hauria agradat molt que ella hi hagués estat.

Primera Part

ON S'ESCRIU EL NOM DE LA LLIBERTAT

EL DIARI PERDUT

Assabentat de la troballa del diari de la Mireia López STOP He connectat amb l'expedició romanesa que l'ha trobat STOP També han trobat motxilla STOP Tinc una intuïció STOP Vaig rebre carta de la Mireia des del campament 1 STOP Expedicionaris romanesos m'han dit que l'han tramès al germà STOP Et prego una còpia urgent del diari STOP.

REINOLD MESSNER
Kathmandú, Nepal
5 de novembre de 1986

No sabíem que t'hagués enviat una carta STOP Prego còpia immediata STOP T'envio fotocòpia del diari via urgent STOP.

JOSEP LÓPEZ
Barcelona, Països Catalans
18 de novembre de 1986

Diari rebut STOP Vine ara mateix STOP Munta-t'ho com puguis STOP Estic a punt de ratificar les meves intuïcions STOP Extraordinari STOP No puc enviar carta perquè la vaig rebre a Europa STOP Ja t'ho explicaré quan arribis STOP.

REINOLD MESSNER
Kathmandú, Nepal
7 de desembre de 1986

Sr. President del Centre Excursionista de Catalunya STOP ¿Pot reunir els onze expedicionaris Expedició Catalana a l'Everest 1986? STOP Ordre proposat STOP 1 Ratificació cartes que em van enviar sobre l'expedició i la meva germana STOP 2 Lectura pública del diari STOP Cal que segueixin aquest ordre si volen entendre els fets STOP No els ho amaguem més STOP Tenen dret a la veritat STOP No sé si en Reinold té raó STOP Es al·lucinant STOP Ho intentarem STOP Procuraré ser aquí.

JOSEP LÓPEZ
Kathmandú, Nepal
22 de desembre de 1986

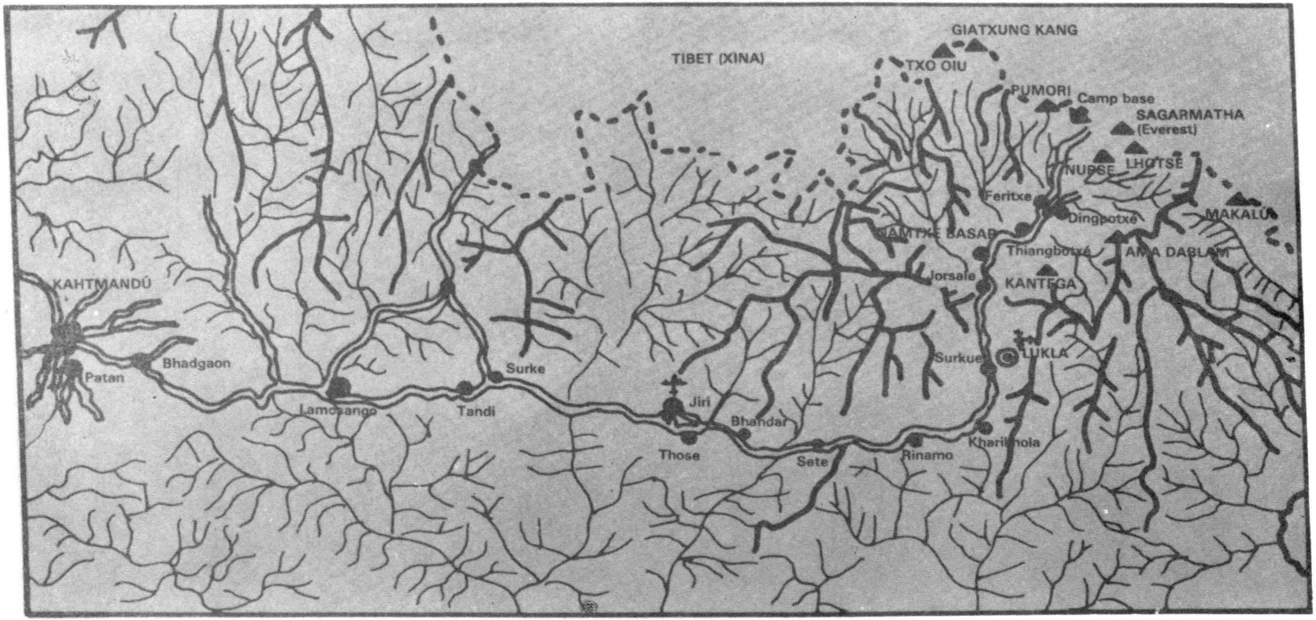

Plànol de la marxa d'aproximació al Sagarmatha des de Kathmandú (capital del Nepal)

○ Poblacions

△ Cims més importants

Distribució de la població xerpa al Nepal

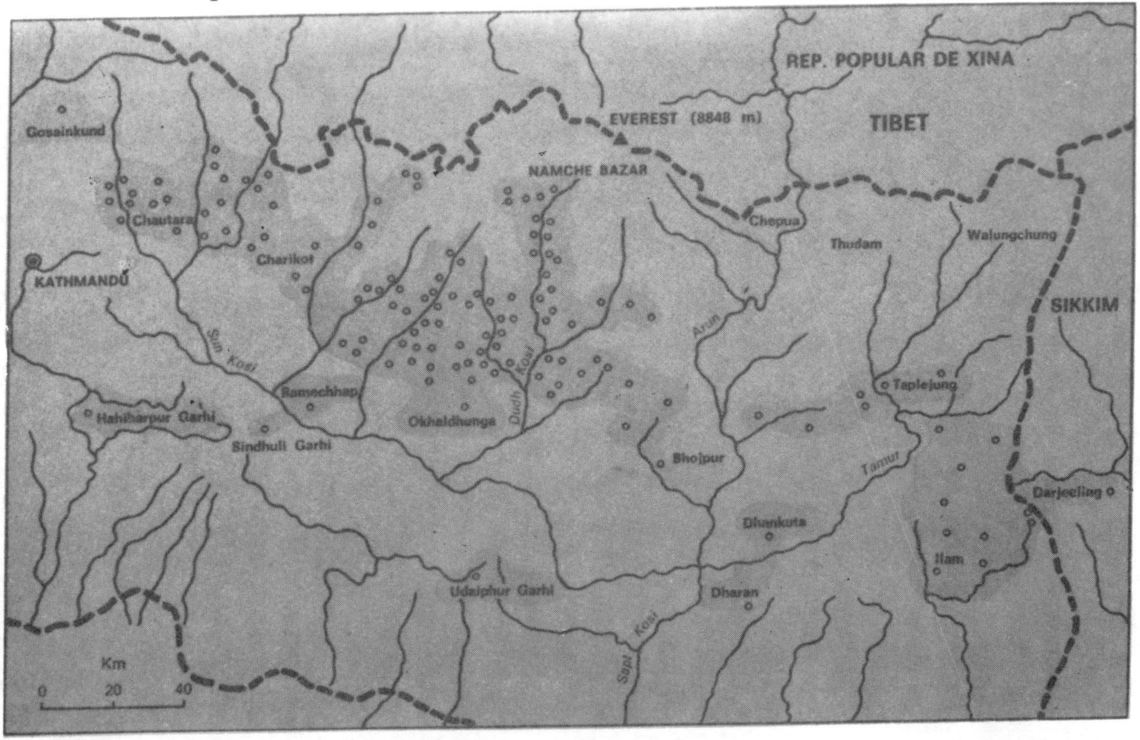

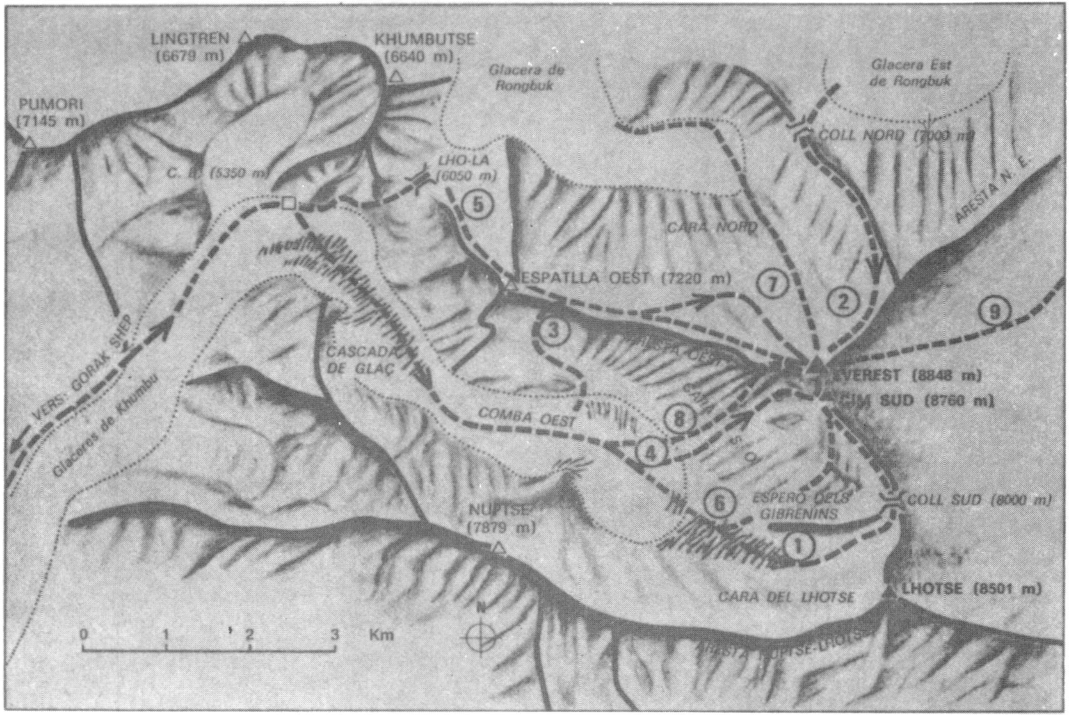

Itineraris oberts a l'Everest

NÚM.	ANY	ESTACIÓ	EXPEDICIÓ	CAP	ITINERARI
①	1953	Pre-monsó	Britànica	J. Hunt	Coll S/Aresta SE/Nepal
②	1960	Pre-monsó	Xinesa	Shih-Chan-Chun	Coll N/Aresta NE/Tibet
③	1963	Pre-monsó	Nord-americana	N.O.G. Dyhrenfurth	Comba W Aresta W/Nepal
④	1975	Postmonsó	Britànica	C. Bonington	Paret SW/Nepal
⑤	1979	Pre-monsó	Iugoslava	T. Skarja	Aresta W/Nepal
⑥	1980	Pre-monsó	Polonesa	A. Zawada	Esperó S/Nepal
⑦	1980	Pre-monsó	Japonesa	H. Miyashita	Paret NW/Tibet
⑧	1982	Pre-monsó	Soviètica	E. Tamm	Esperó SW/Nepal
⑨	1983	Postmonsó	Nord-americana	J. Morrisey	Paret E/Tibet

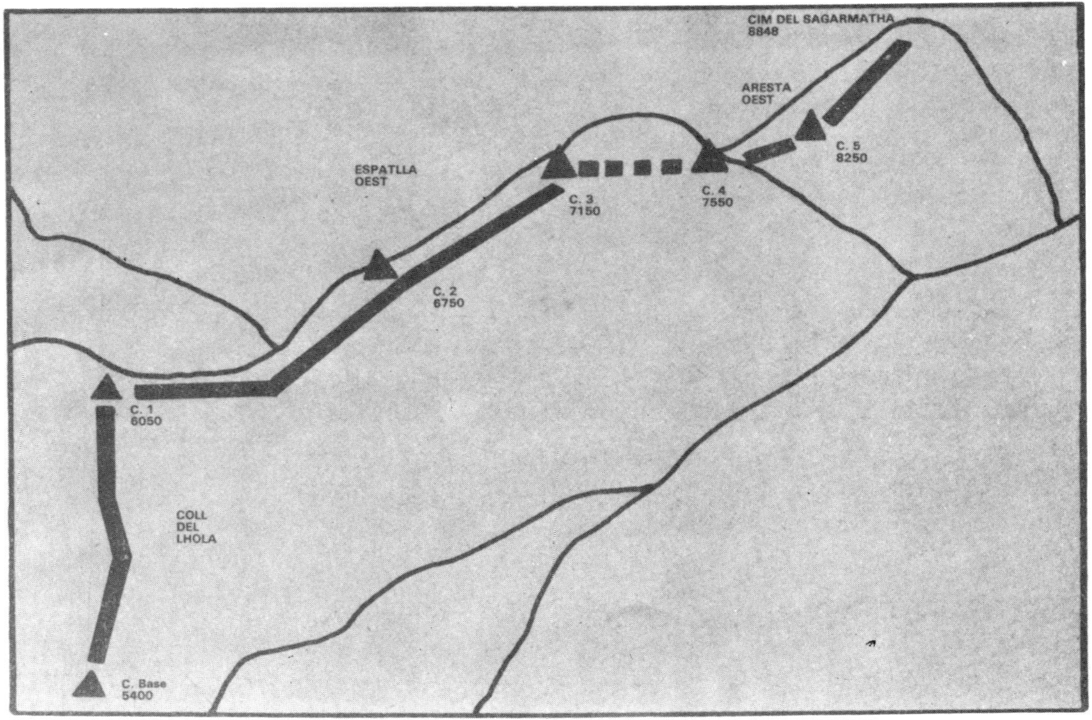

Plànol dels campaments d'ascens al Sagarmatha (Everest). Ruta de l'aresta oest

REUNIÓ URGENT AL CENTRE EXCURSIONISTA DE CATALUNYA

—Senyors, com a president del Centre Excursionista de Catalunya els he reunit a petició del germà de la Mireia López —en Josep López— avui dia 6 de gener de 1987. En Josep fa tres setmanes que és al Nepal.

—En Josep López al Nepal? Què hi fa, al Nepal? ¡Si no ha practicat mai alpinisme!

—M'ha tramès un telegrama on m'anuncia que farà tots els possibles per arribar aquesta tarda. Mentrestant, em demana que rellegim la correspondència que va mantenir amb vosaltres quan vàreu tornar de l'expedició i que n'estengui acta.

—Estendre'n acta? Però quin sentit té tot això? ¿Què es pensa? Que no ho recordem prou, el que va passar?

—Octavi, si us plau...

—Calma't.

—Per què em miren d'aquesta manera?

—El que va passar allí no ho oblidaré mai.

—Octavi: el prec d'en Josep té una raó justificada, com la seva anada al Nepal. Fa vint-i-dos dies que és a l'Everest. Una troballa ens obliga a tornar a parlar del tema. Imagina que ni tu ni la resta d'expedicionaris voldreu restar-ne al marge.

—Quina?

—Ha estat localitzat el diari de la Mireia. És aquest que veieu entre les meves mans. En Josep demana que li ratifiqueu la vostra correspondència i que després llegim el diari. Deu tenir les seves raons. En el telegrama darrer m'insistia que això pot aclarir alguna cosa del que va passar.

Quin silenci. De cop i volta els ulls dels companys han adquirit el mateix color brillant, expectant, que tenien després de cada tram en la llarga ascensió vers el cim. Potser és macabre fer la lectura en un dia de reis, dolorós; però, ¿qui és capaç de negar-s'hi si en canvi pot tornar a sentir la seva veu? Potser l'enyorem massa. Potser preferiríem haver estat nosaltres...

—Endavant.

—Tampoc no es tracta de forçar ningú. Si algú no vol ser-hi...

Quin silenci més absolut...

—D'acord. Aleshores permeteu-me que n'estengui acta.

Reunits avui, dia 6 de gener de 1987, al saló de juntes del Centre Excursionista de Catalunya, els membres de l'Expedició Catalana a l'Everest:

Octavi Falcó Marsenyac, cap de l'expedició.
Joan Puiganglada Navarro, responsable tècnic.
Antoni Puig Leveroni, metge.
Romà d'Areny i Espill, responsable de comunicacions.
Òscar Casacoberta von Arx, responsable de dietètica.
August Camprubí Vall-Llosera, fotografia.

Alfred Muntanyà Vidal, responsable de material.
Enric Casamada Iriarte, col·laborador en material i equip.
Jordi Fernàndez Gil, col·laborador d'alimentació.
Roger Piqué Bellvís, responsable d'organització.
Eliseu Mas Clara, responsable de cinema.

Aprofitem l'avinentesa per agrair la presència d'en Felipe Duarte, de la reeixida expedició basca de 1980, que ha viatjat tota la nit des de Donostia per ser ací.

Primer procedirem a la lectura de les cartes entre els expedicionaris i Josep López, germà de la Mireia López, per tal d'aclarir els fets referents a la seva germana, esdevinguts a l'expedició, durant el mes d'agost de 1986 a l'Everest. Totes les cartes foren redactades després, durant els mesos d'octubre i novembre de 1986. Tot seguit farem una pausa i llegirem el diari de la Mireia.

L'ARESTA OEST: PEMS ALS QUATRE CAMINS

Carta de l'Eliseu Mas Clara

Barcelona, 7 d'octubre de 1986

Estimat Josep,

Tal com em demanes t'adjunto un plànol de l'ascens, i també diverses dades que he pensat que podrien aclarir-te les idees. No és fàcil d'explicar a algú un ascens a l'Everest ni la preparació d'una expedició. Hom comença els preparatius a casa seva uns quants anys abans i acaba llogant un magatzem de nau industrial els darrers sis mesos perquè se li han acabat els parents que li vulguin guardar coses. I ho és menys encara si es vol fer en funció dels resultats i per explicar-los. Ho intentaré, tanmateix.

Al primer plànol tens la trajectòria de les expedicions des de Kathmandú, capital del Nepal —a l'esquerra— fins al camp base de l'Everest —a dalt a la dreta—. La nostra era una expedició semipesada, d'unes vint tones. Vam fer-les arribar amb avioneta fins a Lugla. Nosaltres hi vam arribar amb avió de línia regular fent escala a Nova Delhi (Índia) fins a Kathmandú, on també vam llogar una avioneta per aterrar al darrer aeroport de Lugla. D'allí fins al camp base hi ha uns sis dies a peu que ens vam prendre amb paciència, turísticament, i van ser uns vuit.

El tercer plànol t'indica les nou possibles trajectòries d'ascens a l'Everest. Nosaltres vam utilitzar la de l'aresta oest pel coll del Lhola. Té diversos avantatges: el risc de poques allaus (deus pensar que sóc un cínic afirmant això, però és veritat; per la ruta normal de la cascada de gel n'hi ha moltes més) i la tramitació ràpida de permisos amb el govern del Nepal. Te'l donen al cap d'uns quatre anys en comptes dels deu que cal esperar per anar-hi per la ruta normal. Si, a més a més, el demanes per al període monsònic, només triga dos anys. Aquest va ser el nostre cas. La rapidesa administrativa té els seus desavantatges; el període monsònic és un període dolent per escalar-lo: tempestes, desglaç i temps inestable en general. L'aresta oest, a partir dels set mil cinc-cents metres, és molt perillosa: els vents arriben fàcilment a cent cinquanta quilòmetres per hora i t'arrenquen literalment de la roca.

L'exitosa expedició catalana del 85 que hi pujà des del Tibet (país abans independent, seu del budisme dels lames, que la Xina de Mao-Zedong envaí l'any 1950) ho féu durant la mateixa estació en què nosaltres ho intentàrem. Esperàvem poder escalar-lo durant el que els anglesos anomenen el Break-Monsó; uns curts períodes de cinc o deu dies de calma meteorològica. Aquest fet i l'assessorament constant dels expedicionaris de l'any 82, que havien assolit la cota vuit mil cinc-cents, ens infonia confiança. Quan vam dir a un dels membres d'aquella expedició que volíem escalar-lo precisament per aquella aresta, ens respongué:

—Esteu sonats. Els mil tres-cents metres de la piràmide final són un huracà de gel i neu.

I al cap d'un mes ens havia aconseguit el permís... Ell, en tornar de l'expedició del 82, havia aconseguit el consolat del Nepal a Barcelona: aquell país té alguna cosa que enamora... ¿Es tracta potser dels contrastos que hi experimentes? La riquesa i la pobresa més absoluta, el sol i el fred, l'explicable i l'inexplicable...

Recordo que quan sortíem de Namtxe Basar vam arribar a un encreuament de quatre camins. Deixàrem els carregaments per descansar. El dia era núvol i amenaçava aiguaneu. Vam sentir soroll darrere nostre. Ens semblà que quelcom es movia entre les herbes altes de les prades. De sobte aparegué davant nostre una dona vella amb el front arrugadíssim, com un acordió, els llavis prims i opacs, els ulls petits i sanguinolents, els cabells grisos i despentinats, les mans emmonyonades i les ungles llargues i grogues com urpes. Tot el seu cos era estrafet. Començà a flastomar contra nosaltres mentre corria al nostre voltant com una bruixa.

Duia un vestit granatós i blanc, brut i pudent, amb un llarg rectangle pintat de les espatlles als peus, i a dins una llarga serp negra amb cap equí, tota ribetejada amb petits picarols cosits a la roba que sonaven amb els seus moviments neguitosos. Mentre ens envoltava i escopia flastomies, els tous de les cames li sortien pels talls de la túnica esparracada: infectats, vermellosos, inflats com una pota d'elefant. Tragué un mirall amb tres petits cranis i féu una mena de conjur. No sabíem què fer.

Encara romaníem immòbils quan marxà corrents i

aviat es féu fonedissa entre les herbes de la prada. Al cap d'uns segons, un trencalòs negre —una mena de voltor de grans dimensions— aparegué per on havia fugit la bruixa i grallà damunt nostre. Era un fet estrany perquè normalment sobrevolaven paratges més solitaris à la recerca de carronya. El cucleig es repetia, creava un tornaveu entre les parets de la vall, un ressò repetitivament obsessiu que t'esquinçava l'orella. No ens volia abandonar. Algun cop ens sobrevolà tan baix que vaig haver de fer-lo marxar amb el piolet. Això el va espantar i fugí, però una mà em sagnava per l'esgarrapada. Era estrany, els voltors fugen de les persones vives... Començava a caure aiguaneu sense llamps ni trons previs.

—Mireia.

—Digues.

—Tens alguna idea del que ha fet aquesta vella?

—Sí. Pel que ha dit es féu bruixa per venjar la mort del seu fill: feia de carregador en una expedició. Ens ha maleït. Si un xerpa mor d'accident o ha fet males accions el seu esperit es converteix en un norpa, vagareja eternament per la terra. En el cas del seu fill pateix el fred etern sota l'allau. La vella ha fet un conjur perquè alguns de la nostra expedició pateixin el mateix que va patir el seu fill: el fred etern. Els tres cranis ens simbolitzaven.

—Era una bruixa?

—Aquí en diuen pem. La serp que portava pintada al vestit és un signe demoníac. No en facis cas. Marxem o ens quedarem xops. Et raja gaire, la ferida?

—No. Es pot aguantar.

—És estrany. Aquest trencalòs estava molt nerviós. No n'havia vist mai cap que ataqués.

No havia presenciat gaires escenes de bruixeria en la meva vida. Quan la Mireia acabà de parlar jo estava esblaimat. Tot el meu racionalisme occidental no havia evitat que se'm posés la pell de gallina. Vaig sobreposar-me i continuàrem el camí; però encara ho somio i em desperto sovint després del que va passar...

T'envio també un mapa de les poblacions xerpes. Els xerpes són de procedència mongola i religió budista, vingueren de l'est. Són uns homes de resistència excepcional, això explica la seva utilització en les expedicions com a carregadors de grans altures.

També tens el mapa dels campaments. Vam fer poques variacions respecte a l'expedició del 82. Alleugerírem els camps 2, 3 i 4 i instal·làrem el 5 més amunt perquè volíem assegurar el cim. L'experiència ens ensenyava que col·locar el darrer camp a vuit mil o vuit mil cent metres d'altura era perillós perquè a la baixada eren poc accessibles. Aquest fet provocava moltes morts, per esgotament, bivac amb posterior congelació o accidents. Col·locar el camp cinquè a vuit mil dos-cents cinquanta metres i emprar-lo només a la baixada ens semblà més recomanable.

Res més. Si desitges informació mèdica, l'Antoni Puig és l'home ideal. Disposa per tot el que calgui de

ELISEU MAS CLARA

PREGUNTA-HO A EN ROMÀ D'ARENY

Carta d'Antoni Puig

Manresa, 5 d'octubre de 1986

Josep,

Naturalment que n'hi va haver de casos mèdics! ¿Com vols que no n'hi hagi? Érem dotze expedicionaris, més trenta-cinc xerpes i un oficial de l'exèrcit nepalès: un total de quaranta-vuit persones per alimentar i curar. Hi ha llogarrets a l'Himàlaia que no tenen tanta gent i bé pateixen malalties...

Doncs bé, durant la marxa d'aproximació, va haver-hi dos casos de diarrees amb febres moderades. Aquests casos es concentraren entre els nostres alpinistes. Ja se sap, hom arriba a Kathmandú, tasta la cuina local i el picant el deixa fora de combat un parell de setmanes... És per això que molts xerpes pateixen nafres intestinals que, amb l'altura, poden causar hemorràgies i la mort. Les morts per accident no són les úniques a la muntanya. Dissortadament, a l'expedició catalana del

1982 un xerpa morí per aquesta causa. Hi hagué també un cas d'amigdalitis aguda amb febre forta que trigà nou dies a desaparèixer i que vaig medicar amb antibiòtics.

Els casos comptabilitzats de faringitis durant la marxa i l'ascensió foren onze. Va haver-hi un cas de contusió als lligaments interns del genoll. Tot això es pot considerar normal en una expedició de les característiques de la nostra.

També es van presentar uns quants casos d'hemorroides, tres dels quals eren sagnants. Tres xerpes patiren flegmons a causa de càries força avançades. Al Nepal, encara no hi han arribat els raspalls de dents. Quan no s'aguanta el problema, la gent va a la plaça del mercat, si té la sort de viure a Kathmandú, i un individu armat amb un martell i una escarpreta soluciona el problema ràpidament. El que resulta més sorprenent és que la gent en surt força contenta. ¡Quan penso que jo, especialitzat en proctologia —cosa que no té res a veure amb els dentistes—, vaig haver de treure un parell de queixals sense anestèsia local i em van dir que tenia les mans d'or! Tot això pot horroritzar-te, però el Nepal és un país estrany. ¿Em creuràs si et dic que durant la marxa d'aproximació vaig guarir infants amb infeccions a les cames i, abans, amb la infecció avançada que els ennegria els peus i els inflamava el tou de la cama, somreien? Somreien! ¡Com també somreien els qui tenien com a única llar una cabana i com a única riquesa una vaixella i et demanaven que compartissis amb ells la taula que era el terra i el dinar que era menys abundant que el d'un miserable! Des que vaig tornar no puc deixar de recordar la frase d'Stephen Bezruchka:

*El Nepal et canviarà a tu; no intentis
de canviar-lo a ell.*

Em preguntaves quin era el seu estat de salut. Te l'exposaré aviat. No sóc metge de la ment. Però puc assegurar-te que la Mireia comprengué aquestes coses, per a la seva sort. Com aquest fet la pogué determinar en els moments decisius és una cosa que no sabria dir-te.

Durant l'ascens a la muntanya foren freqüents els vòmits i els mareigs a causa de la manca d'oxigen que s'intensificava amb l'altura. Més d'un hagué d'abandonar l'ascensió per aquesta causa. Aleshores existeix un fort perill de trombosi. Un cas no tan espectacular però molt perillós causat pel mateix agent és el de les microhemorràgies de retina. En Reinold Messner n'ha patit i en la nostra expedició en tinguérem un cas. Cal baixar immediatament, com en els mareigs; és la millor medecina. Si hom s'hi està més temps, l'hemorràgia pot esdevenir total i tornar cec el qui la pateix.

La meva impressió general —parlo més empíricament que per deducció— és que a partir de sis mil metres i, sobretot, a partir de set mil cinc-cents, el fred, la baixa proporció d'oxigen a l'atmosfera, les dificultats de l'aparell digestiu causades també per l'altura, la necessària limitació de l'espectre alimentari i l'esgotament profund que produeix qualsevol activitat —i encara més l'ascens i l'escalada— malmeten el cos humà fins a deixar-lo fora de joc: les cames no obeeixen; la reflexió mental s'alenteix, canvia d'orientació o es fa fonedissa; la voluntat es dilueix. Crec que aquests factors expliquen la gran quantitat d'accidents per damunt dels sis mil metres i, sobretot, per damunt dels vuit mil. Passada aquesta altura, l'estada en el sostre del món convé que no s'allargui gaires hores: el bivac suposa la congelació parcial o total. L'estada en una tenda fàcilment provoca la paralització del cos per falta d'oxigenació o per congelació parcial. Els vuit mil són mortals... Els darrers mil cent metres en forma de piràmide de l'Everest són un infern, sobretot a la baixada, quan l'alpinista ja ha satisfet les seves aspiracions i cedeix a la temptació del descans. Aquest fet cal remarcar-lo. Ells saben que si s'aturen abans d'arribar al camp de punta segurament moriran. Però el fet és que s'aturen; en uns casos perquè se'ls fa de nit, en altres casos per esgotament i, tot plegat, perquè l'embriaguesa que causa la manca d'oxigen els impedeix de raonar amb claredat i decisió. Totes les expedicions han de patir l'escomesa mortal de l'altura a més de vuit mil metres.

Ara et sorprendrà el que et diré: em demanes per l'estat físic de la Mireia: les seves bones condicions eren fora de dubte. Al camp base el seu estat era també excel·lent; posseïa una cosa que només tenen els grans alpinistes: un ritme cardíac formidable, fort com un roure, el millor de tots els expedicionaris. Hom pot fer malbé el seu ritme cardíac, però tots en tenim un de naixença. N'he arribat a escoltar molts, n'estic absolutament segur; el seu era el millor per a les altures, el millor de l'expedició i pel cap baix el millor d'unes quantes expedicions.

Només la vaig medicar una mica de faringitis causada per la sequedat continental de l'ambient. És clar que la medicació no eliminava l'agent que li provocava les molèsties, que durant tota l'expedició i en tots els casos foren cròniques. Però aquest contratemps es pot considerar lleu en el seu cas. No li podia restar condicions ni li podia enterbolir la consciència. Pensa que a partir dels sis mil tots els expedicionaris prenien una dosi preventiva o prescriptiva d'una o dues aspirines diàries...

Hi insisteixo, les seves condicions físiques des d'un punt de vista mèdic eren excel·lents, immillorables. L'opció que va prendre l'Octavi no era racionalment equivocada. Però, a vegades, la muntanya no batega pels viaranys quadriculats del nostre pensament: en té uns altres de diferents. Arribats en aquest extrem ni cap dels membres de l'expedició ni cap ésser humà no pot ferhi res.

El Nepal et canviarà a tu, et deia abans; els seus misteris poden arribar a posseir-te, se t'empassen com un xuclador. Crec que ells sí que poden revelar-te quelcom. Potser en Romà d'Areny, que és ex-jesuïta, te'n sabria dir alguna cosa. En tastà un esdeveniment centrat al voltant de la Mireia. Si li ho demanes t'ho explicarà.

És a la teva disposició,

ANTONI PUIG

ELS FETS DEL MONESTIR THIANGBOTXÉ

Carta d'en Romà d'Areny

Vic, 13 d'octubre de 1986

Estimat Josep,

Em sap greu que em preguntis sobre aquest tema. D'una banda se'm fa amarg, molt amarg, però comprenc que vulguis tenir una informació completa, si jo fos el seu germà també l'exigiria: només et prego que et facis càrrec que si no te n'hem precisat tots els detalls és perquè se'ns fa dolorós. Encara no ens n'hem recuperat. De l'altra, no sé si estic prou preparat per informar-te sobre el que em demanes. Efectivament, com t'escriu l'Antoni, jo vaig viure aquells fets i m'he dedicat a la religió en exclusiva; però, de deu anys ençà, regento un negoci editorial i els meus coneixements budistes són més limitats que no voldria. M'imagino que et refereixes als d'aquesta mena quan em demanes si s'esdevingué un fet estrany durant l'expedició. Te'n remarcaré un parell.

La llegenda de Pangbotxé

Vàrem arribar a Thiangbotxé a l'horabaixa. Thiangbotxé és un dels grans monestirs del culte budista al Nepal, situat a 3.870 metres. Una de les darreres escales abans d'arribar al camp base. Una escala celest per l'altura i el paisatge. Des d'aquest mirador ja es poden veure els estimballs superiors de l'Everest i del Lhotsé. Un lloc mític. T'explicaré per què.

Quan vam arribar a Namtxe Basar —la darrera població xerpa important abans del camp base on deuen habitar no més de cinc-centes persones—, la canalla ens va rebre amb la xerinola típica de la novetat, un munt de criatures ens mirava amb els ulls allargassats, encuriosits. Aviat l'hospitalitat natural d'aquella gent ens portà a casa d'algú. Sopàrem a cal Sonam. Una casa més rica que les que trobaríem després i que moltes de les d'abans: feta amb troncs de fusta. Lluïa una vaixella greixosa, brillant, amb taula i caixabancs, mantes i una llar de foc improvisada al centre, amb no gaire xemeneia, sense maons ni pedres, però amb unes graelles que es retallaven sobre el terra cendrós, sense rajoles.

La nit queia lentament, quasi fresquejava; els tres mil començaven a notar-se: érem quasi a l'altura de l'Aneto (3.404 m). Després de menjar unes patates rostides per sopar ens asseguérem vora la llar amb el vell Sonam. Començava a explicar-nos una contalla mentre nosaltres desinfectàvem les picades d'insectes sobre els peus nus d'una de les criatures. Les altres dues s'abraçaven a la seva mare, temoroses: sabien quin terrible personatge hi havia d'aparèixer.

Segons el vell, feia molts anys, el Gran Lama de la

gompa de Pangbotxé es va retirar en oració prop de les glaceres del Tabotxé. El Tabotxé és un cim sagrat de 6.500 metres que s'alça al llogarret de la mateixa localitat, passat Namtxe Basar i el monestir de Thiangbotxé. En aquella època un pastor havia baixat desesperat, cridant que el Ieti havia devorat davant seu un iac en escassos minuts. La gent estava esporuguida. Ningú no s'aventurava sol muntanya amunt. Sobretot de nit o amb pluja o neu. Però el Gran Lama no temia el Ieti i va marxar cap a la glacera.

Dos dies després de la sortida del Lama, caigué una nevada que aïllà totalment el llogarret. Els primers dies cadascú s'encauà a casa seva sense pensar-hi. Passats els deu dies, el gruix de neu encara els privava de sortir-ne. A les dues setmanes tothom es preocupava per l'estat del Lama, però més nevades els impedien d'organitzar una expedició de rescat. Fins al cap d'un mes els camins no tornaren a ser transitables. Els vilatans temien que el Lama hagués sucumbit a la fam i al fred. Organitzaren una recerca que no obtingué cap fruit.

Però al cap d'un temps el Lama tornà sa i estalvi. Els explicà que, efectivament, havia topat amb el Ieti al cap de dos dies de marxa, però que no l'atacà perquè el localitzà agònic; una ferida a la cama se li gangrenava i el tenia immobilitzat. El monjo de seguida posà en pràctica els seus coneixements en plantes medicinals, recollí les que necessitava i preparà diversos emplastres de flor de Lot-en-goda bàsicament. La bèstia se'ls deixà aplicar probablement atuït per la febre i l'aparença venerable del Lama que duia la kata, bufanda de seda blanca que indicava el seu rang elevat i respectable. Després, impressionat pel seu guariment, el Ieti li anà a cercar els aliments que necessità durant aquell mes travessant gruixos de neu que cap home no podia enretirar i, finalment, quan s'acomiadaren, li féu prometença de protegir els homes de kata blanca ja que aquells havien estat els únics que l'havien tractat bé. El Gran Lama li demanà un feix de cabells i, quan arribà al poblet, els mostrà com a prova. Eren uns cabells extraordinaris, gruixudíssims, color atzabeja, greixosos, punxeguts i durs com els d'un porc espí. Aleshores manà que els vilatans anessin en peregrinació fins al monestir de Thiangbotxé i la gompa de Pangbotxé, que els escampessin al voltant, agenollats, bo i resant oracions, un jorn que plogués i lluís el sol entre els núvols. Esperaren. I així ho feren. Hi cresqueren unes immenses savines de més de cinc metres d'alçària amb arrels més llargues encara. Eixien de la terra i s'entortolligaven entre les roques. Has de tenir en compte que a les nostres latituds aquests arbres no arriben a més d'un metre d'alçària.

Doncs bé, nosaltres arribàvem cap al fosc al monestir, amb la caravana de iacs parsimoniosa, que semblava ignorar el nostre delit de cims. Passàvem entre aquell bosc mentre sentíem els cants dels monjos i miràvem les siluetes fantàstiques dels arbres. Si hom el fitava endintre es feia més atapeït, adquiria una obscuritat densa, closa. Les savines es recargolaven torturadament com els braços d'un vell gegant a punt d'escanyar-nos: les llavors del Ieti han crescut en la fusta d'aquest bosc com un crit que col·lapsa el cor i rebenta els timpans. Sentíem un escanyament que ens feia cuitar el pas, inexplicablement els iacs bramulaven, la pell se'ls eriçava sota la frondositat del seu abric pelut. Pujava la boira. Una nit il·lusòria ens eclipsava la claror abans de l'autèntica nit. Els braços de fusta acerada del Ieti s'arremolinaven fantasmagòricament al nostre entorn...

A dalt, el monestir es dreçava eixutament majestuós, involuntàriament solemne, salvadorament amable. El perfil vertical, vertiginós, de l'Ama-Dablam, es retalla nevat de taronja enfront de la posta: sis mil vuit-cents cinquanta-sis metres de roca i glaç. A l'altra banda el Lhotsé i una mica més enllà el sostre del món. Som en el mirador més privilegiat de tota la terra.

Camí enllà, la pedra tartera indica la proximitat de les glaceres de Khumbu i de l'Everest. Accelerem, de sobte ens sentim molt petits. El Nepal t'imposa la modèstia, el sentiment de la impotència. Surt de les autopistes, de les ciutats electròniques i col·loca't en una drecera de l'Himàlaia: comprendràs moltes coses sobre el món i sobre tu mateix.

Pensem que aviat s'acabaran els prats entollats, els boscos humits. Entrarem en una vida més aspra, feta de contrastos minerals, més pura. ¿Què ens impulsa a entrar per aquests viaranys inhòspits?

Arribem al monestir, un monjo ens acull a les escales. Ens informa que ens rebrà el Gran Lama després de l'ofici. Hi entrem. A banda i banda del recinte els monjos oren en la postura del lotus, sota la gran volta travessada per una teranyina de troncs marró fosc, llargs i gruixudíssims. Canten? Resen? Les seves veus entonen una oració acompanyada pel so feixuc i aclaparador d'unes trompetes de tres o quatre metres de llargada, incandescentment àuries, amb gravats circulars de coure. Els qui les toquen van cofats amb un barret-cresta, com una mitja-lluna escapçada a la meitat, quan arriba al front; és pintat a dues franges, l'una groga i l'altra taronjada, no sé distingir si és de roba o de cuir. També hi ha els tambors: subjectats dalt d'un pal, com amplíssimes panderetes, perpendiculars al terra, les toquen amb un pal corbat amb un compàs constant, reincident. De fet no és el traçat d'una melodia, si més no d'una melodia en el sentit occidental del terme. Les veus dels monjos emeten uns sons guturals, velars. Deixen escapar el so fregant entre els llavis mig closos, llargament, com una remor interminable. El fet que trenta persones l'emetin alhora aclapara l'orella. L'interior és molt fosc. La pregària sempre segueix el mateix procés, s'inicia lentament i baixa fins a pujar a les octaves superiors i torna a baixar, com si en aquest estira i arronsa cerquessin la concentració en un cosmos diví que no podem tenir més a prop. Davant d'aquesta evidència restem bocabadats, astorats. Les túniques taronjades i vermelles, els caps xollats i bruns, la simplicitat de les notes ens arrabassa la voluntat, potser es tracta d'això precisament...

La cerimònia s'allargassa en una lentitud exasperant si hom se la pren amb el ritme trepidant d'occident. Però nosaltres hi entrem, llisquem per aquella carena de notes fascinadora i mortuòria alhora... Observo el buda que hi ha al final del recinte, damunt de l'altar; té unes figuretes al voltant que semblen divinitats, pintades de colors vius. El so de llauna d'uns platerets de llautó ens desvetlla de l'embadaliment. S'ha acabat el ritus. Uns monjos agafen les figuretes i en tallen trossos de les parts blanques; els van oferint a tothom. El sírdar (cap dels xerpes) Tsèring ens diu que en mengem tranquils; són fetes de mantega i pasta d'arròs, es diuen torma, de fet són pastissos religiosos, les parts no pintades es mengen entre els assistents un cop finalitzada la cerimònia...

Un novici se'ns apropa i ens diu que el Gran Lama està disposat a veure'ns. El seguim. Entrem en un recinte de parets grogues. Uns canelobres que acaben amb boques de dracs l'il·luminen tènuement. El Gran Lama ens rep des del seu tron entapissat amb divinitats i dimonis multicolors. A l'altre cantó de la sala hi ha un Buda-Tara que salva la gent dels desastres; té una màscara de dimoni postrada damunt d'un mirallet, és d'un vermell cridaner, de cabaret; el dentat incisiu, triangular, contornejat de color blau turquesa. A dalt, porta tres petits cranis, de color blanc os, les dents perfilades amb color taronja, rectangulars, desproporcionadament grosses, com els forats dels ulls. De cadascun dels tres petits cranis surt una forca enlaire.

El sírdar —cap dels xerpes— li explica l'objectiu de la nostra expedició i l'ombra de la seva mà es retalla gegantina en la paret. El Gran Lama és un home molt gran. La seva túnica no és del vermell clavell de la resta de monjos, és d'un vermell més dens, sang de bou. Damunt de la túnica porta una capa d'un groc força intens. Quan ens va beneint un per un, ens penja al coll un saquet d'arròs beneït (l'arròs allí és com el pa d'ací). La darrera és la Mireia. Quan hi arriba, la mira sorprès. No s'ho esperava. Els ulls piramidals, foscos, asiàtics, se li obren dibuixant-se clarament en la testa rasurada. Torna a mirar-la, ella li somriu amb senzillesa, comprèn la delicada situació, se li agenolla. El Lama la pren amb les mans fosques i aspres, de dits gruixuts, que contrasten amb les blanques i fines de la Mireia. La fa incorporar impetuosament. Li penja el saquet. S'adreça, costosament a causa de l'edat, a l'entrada de la cambra que dóna a una arcada des d'on es contempla el recinte principal del monestir. Crida uns mots. Al cap d'uns moments tot el monestir entona una oració.

El sírdar s'ha posat nerviós. Evidentment això és inusual. El Gran Lama ha tornat vers la Mireia. Caminant amb passets lents, esforçats i majestuosos la reverencia. Ens quedem estupefactes quan veiem que, bo i agafant-li les mans, se li agenolla entonant també l'oració...

Romanem immòbils tota l'estona. Paradoxalment, ella s'ho pren amb una normalitat molt convincent, com si ja hi estigués acostumada. L'escena ens ha deixat tan parats que no ens avorrim durant la llarga estona de la pregària. En acabat, ella fa alçar el Lama, cosa que ell li agraeix, mentrestant intentem que el sírdar ens expliqui alguna cosa del que està passant però l'home obre uns ulls com unes taronges petrificades. I diu que un Gran Lama només reverencia els déus. El Gran Lama, profundament emocionat, pronuncia uns mots. En Tsèring encara es queda més parat. Ara sí, li demanem la traducció.

«Quan arribis a la llar de la divinitat vés amb compte: la deessa de la neu enveja la teva pell nevada. Per això tu regnes sobre els seus dominis i tot el que l'obeeix a ella t'obeirà a tu. Alerta. Arribareu al cim del Sagarmatha.»

En Tsèring precisa que Sagarmatha és el nom nepalès de l'Everest i que vol dir «el qui té el cap en el cel».

I, aleshores, el Lama trenca amb la tradició d'imposar la kata al cap de l'expedició i la cenyeix al coll de la Mireia, la qual l'abraça. La llarga kata de seda blanca l'envolta confonent-se amb el seu coll esvelt, d'ivori. Ja no se la traurà més durant l'ascensió. A la pujada de l'espatlla oest, la kata jugava amb el vent glacial com els seus cabells caoba les poques vegades que no se'ls recollia. Era una imatge que m'amorosia l'ànima com cap altra en aquell desert blanc absolutament solitari. El vellet respon efusivament a l'abraçada i després retorna al setial religiós, on queda en un estat de meditació hieràtica.

Després d'oferir la donació en metàl·lic que estipula el sírdar, sortim del temple. Demanem, a la Mireia, si en sabia alguna cosa de tot això i ens diu que no, pero que li sembla molt bé. Naturalment, no pensem variar cap ordre de la planificació per aquest fet, però estem impressionats i preocupats. Xerrem amb els xerpes. N'intentem treure l'aigua clara. Ningú no desxifra l'endevinalla, tot i que la veuen com un bon averany. Sabem que la Mireia té una pell molt blanca i això hi pot haver contribuït, però què és la llar de la divinitat? ¿Per què la deessa de les neus enveja la seva pell nevada? ¿Què l'ha d'obeir? Com està tan segur que arribarem al cim? Ningú no sap desentranyar aquestes incògnites. Tanmateix aquest fet és transcendental. A partir d'aquest moment, els xerpes, sobretot els de més edat, més religiosos que alguns dels joves, trobaran en la Mireia un semidéu i la seva confiança en ella i l'expedició serà absoluta. Faran tot el que ella els demani amb una total despreocupació per la seguretat. Allargaran les seves jornades sense demanar cap compensació... Això t'explica l'equipament meteòric dels primers camps, quan ella anava obrint via amb xerpes i escaladors. De primer, l'Octavi, com a cap de l'expedició, fa mala cara, però després no s'ho pren tan malament, al capdavall la Mireia fa sempre el que ell li demana i, per tant, el comandament pràctic de l'expedició continua sota el seu control; se salva la situació i, de fet, l'expedició funciona millor que no podíem imaginar. L'endevinalla ens preocupa, però quan passen els dies li traiem dramatisme: tenim una deessa a l'expedició i el Lama assegura que conquerirem el cim; ¿es pot demanar més? No ens adonem que l'enigma de l'endevinalla és més complex. De nits, agnòstics i creients acaronem hipnòtics els saquets d'arròs beneït en l'escalfor dels sacs. Anem entrant silenciosament en el firmament, com estrelles abans d'il·luminar-se.

A la tornada l'Octavi em digué que havia tingut una conversa que potser aclaria un dels punts de la Profecia lamaica. Demana-li-ho. Segurament t'ho explicarà. Però no fou aquest l'únic fet que donà un ascendent deític a la Mireia davant els xerpes.

Fruits per als déus

Durant els pocs dies que quedaven per arribar al camp base la reacció de la Mireia fou magistral. Els xerpes havien quedat molt impressionats pels fets de Thiangbotxé, la veneració que li atorgaven es barrejava amb la por que els generava el mateix motiu. El gel típic de les llargues jornades d'aproximació és difícil de trencar, expedicionaris i xerpes enfeinats tenen poc temps per anar entrant en contacte i cohesionar l'equip, cosa imprescindible per a l'èxit... Però la Mireia aprofità les escasses vetlles per solucionar el problema, que s'havia agreujat particularment en la seva persona.

Durant els tres dies que ens separaven del camp base, a les nits, havent sopat, la Mireia explicava rondalles als xerpes a la vora del foc, mig en anglès mig en xerpa. Et deus preguntar com s'ho havia fet per conèixer aquell xerpa una mica més que rudimentari. Doncs bé, des de Barcelona s'escriví força amb en Flip Duarte: un dels qui participaren en l'expedició basca del 1980 que arribà al cim, també fou membre de la de 1974. En Flip havia estat un any i escaig al Nepal entre una cosa i una altra. Coneixia tothom i per carta li féu arribar tot el que sabia de llengua i cultura xerpes. Tingué temps d'aprendre-ho perquè la seva amistat venia de lluny. La Mireia hi havia entrat en contacte arran de la redacció del *Recull d'històries i llegendes dels Pirineus* editat i finançat per CEC, formava part de l'equip de recopilació i redacció. Per cert, durant tota l'aproximació i els primers dies del camp base hi mantingué correspondència. Potser en Flip té alguna cosa a dir-te. Aniria bé que hi entressis en contacte.

L'habilitat de la Mireia a explicar històries era inimitable, i en coneixia tantes...

N'hi ha que no he arribat a saber mai d'on procedien: mitologia basca? nepalesa? Et puc assegurar que, per estudis, conec bé la llatina, la grega i la catalana i no hi pertanyien. Potser la seva imaginació les fonia per ferles més atractives. Els xerpes —i no solament els xerpes— s'entusiasmaven amb les seves històries. Els ulls blau-verd li relluïen més clars mentre les contava. L'audiència semblava una colla de petits llobatons de cau excursionista escoltant llur monitor al bell mig del Montseny, tots bocabadats. El sírdar Ang Tsèring i l'Octavi tenien feina per fer anar a dormir la gent d'hora. Després, a dins dels sacs, amb els ulls oberts, tothom se somiava despert com a l'heroi de la contalla. Una nit, la segona al camp base, en acabar la història, un dels xerpes vingué esverat a trobar-nos a l'Octavi i a mi. Parlava a raig fet i no enteníem res del que deia. Cridàrem l'Ang Tsèring i traduí:

—Diu que ha vist dues brases als ulls de la deessa de la neu.

—Digues-li que això és una cosa normal. Les brases del foc devien reflectir-s'hi.

L'Ang tornà a traduir...

—Diu que no, que no se li reflectien, sinó que els seus ulls eren brases intenses, al punt que comencen a blanquejar i que brases a la neu és un mal averany.

—Digues-li que ha pres massa txang —el txang és una beguda local, entre el iogurt i la cervesa, que els xerpes produeixen per fermentació; sovint la serveixen amb teteres.

No li vam fer cas. Alguns xerpes es neguitejaren. L'endemà havíem d'acabar els preparatius per llançar-nos a la conquesta del camp 1. A l'horabaixa faríem la cerimònia de benedicció de l'expedició.

Durant la tarda, els xerpes aixecaren un altar amb pedres de la glacera al centre del camp base. Al darrera, un parell de pals, on més tard onejarien les banderes catalana i nepalesa i, a sengles costats, gallardets de gasa rosa clar, groc clar i blau clar, colors suaus, diluïts, d'aquarel·la. Davant l'altar hi havien deixat les millors begudes, les millors viandes i els millors fruits que dúiem com a ofrena. Després, drets, hi havia el cap dels xerpes Ang Tsèring, el cap de l'expedició, Octavi Falcó, el xerpa més gran i la Mireia —era inusual que hi col·loquessin una dona—. Feren un foc amb la fusta de ginebró que havien carregat des de les valls més baixes durant la marxa d'aproximació. L'olor s'estenia perfumant tot el campament. El xerpa de més edat començà una oració que de seguida continuaren tots els altres. Aquells cants... ens recordaven els que havíem sentit al temple de Thiangbotxé.

L'horabaixa s'enfosquia prematurament perquè el sol es ponia entre muntanyes de més de vuit mil metres i les valls s'ensorraven menudes. Els gallardets es pentinaven amb el vent de l'inici del vespre. Les flames començaven de reflectir-se tímidament en els nostres rostres.

De seguida vaig adonar-me que la nostra actitud havia canviat en diversos aspectes. Aquells cants que inicialment ens havien estranyat en el temple per la seva aspror, ara ens semblaven profundament harmònics, tan harmònics com l'udol del llop entre les muntanyes nocturnes. Allí, a l'Everest, aquells cants adquirien tota la seva lògica i començàrem a apropar-nos als seus homes en comprendre-ho. El xerpa gran cridà el més jove i demanà l'home més jove dels nostres —drespués de la Mireia, l'Alfred Muntanyà, de vint-i-dos anys— i ambdós començaren a llençar arròs a la foguera caminant-hi circularment. Després, per torns de tres —dos xerpes i un expedicionari— ens apropàvem a la foguera per llençar-hi també una mica d'arròs mentre, molt lentament, les banderes del Nepal i Catalunya eren hissades.

Finalment cantàrem els himnes d'ambdós països. La cerimònia s'havia acabat. No podia deixar de pensar que entre nosaltres n'hi havia alguns que no recordaven quin era l'últim dia que havien participat en una celebració religiosa i aquesta —que els era estranya— se l'havien pres amb una naturalitat i una concentració totals. Per part nostra, les fronteres s'havien esborrat, començàvem a entrar de manera efectiva en el misticisme de l'Himàlaia. Encaixàvem les mans entranyablement com si fóssim part d'ells mateixos, el xerpa més vell ens deia que les prediccions del Gran Lama s'acomplirien. El Sagarmatha fumejava neu i vent per l'aresta oest com un gegant que bufa tempestes. Els primers estels envoltaven la lluna plena d'una nit que s'aventurava molt clara.

Havíem quedat amb la Mireia que aquella nit no hi hauria rondalles. Els homes dels uns i dels altres es barrejaven per felicitar-se, els xerpes s'hi trobaven bé, moltes expedicions no assistien al seu ritu, els tractaven com a bèsties de càrrega, no els deixaven pujar al cap del Toxmo Lungma (nom xerpa de l'Everest), ni hi enraonaven. Deien que això no passava amb bascos, catalans ni italians i que s'hi trobaven més bé. Ens vam emocionar. Deus pensar que porto una barretina al cor, però, què vols que hi faci... acostumat que quan viatjo per Europa sempre em posin el Manolo Escobar, m'ensenyin les castanyoles i em mirin amb menyspreu africà, no vaig poder evitar que aquest elogi m'arribés molt endins.

Personalment, si alguna cosa em toca el cor és que em donin a entendre que pertanyo a un col·lectiu que tracta tota persona amb humanitat. No estic gens acostumat que em reconeguin el col·lectiu al qual pertanyo quan surto a l'estranger i, encara menys, que em diguin que, en algun aspecte, funciona millor que els anglogermànics. Ja ho veus, al Nepal també vaig trobar una cosa que no havia sentit a fora de casa, que se'm reconegués com a català i que això meresqués un elogi... ¿Què més vols a l'altra punta del món? Em va sortir la vena patriòtica, vaig treure les Aromes de Montserrat, els vaig comentar l'origen religiós del licor, ells tragueren el raksi —mena d'aiguardent destil·lada del txang— i començava la festa.

Fresquejava. El raksi entrava que donava gust: les lleis de la cortesia xerpa ens obligaven a veure'n tres vegades si no volíem menysprear-los. Un xerpa jove, en Nima, comentava que els capellans del nostre país sabien fer molt bé el licor. L'August treu la Malvasia de Sitges i els diu que la tastin, que aquesta es fa en nom d'una verge. Algú afegeix que les verges també en saben molt de fer beguda. L'August Camprubí treu la guitarra i es posa a cantar el cumbaià. En Joan Puiganglada la hi arramba i canta el «Rock and roll de la presó»... Als xerpes més joves, els agrada i comencen a ballar, s'hi afegeixen la Mireia, l'Enric Casamada i l'Alfred Muntanyà, mentrestant, l'Octavi ha obert un pernil i amb els xerpes grans que estan molt contents comencen a treure el pernil pels queixals. Continuen els rock and rolls. Ballen al voltant de la foguera com a bojos. Alguns es cansen, traiem conyac i, endavant que no h'a estat res.

L'Octavi ha encetat el formatge. ¡Quins estels fent pampallugues al voltant de la lluna! ¡Quina nit més extraordinària! L'Eliseu Mas pren el torn amb la guitarra i comença amb aquella del poble apatxe català de la

Trinca. La Mireia els explica de què va la cosa i riuen, continua amb la de:

Mireu allà dalt
en els estels què hi ha.
És un gros elefant
que amb bicicleta va...

La Mireia tradueix; trenta-cinc xerpes riuen a panxa plena. Això d'un elefant amb bicicleta els encanta, m'imagino que és la cultura hindú que pesa. ¡La ballem un cop i tornem-hi que no ha estat res! I així quatre vegades...

Malgrat l'alcohol, passades dues hores, la gent està rebentada. Alguns se'n van a dormir. L'aire a cinc mil metres té molt menys oxigen que al nivell del mar. Aleshores un grup de xerpes que no volen acabar aquí la festa agafen la Mireia, li demanen més contes, nosaltres, amb més orgull però no amb menys ganes, no els hi demanem. La Mireia no oblida el pacte. Dubta. Demana un joc de cartes. La gent s'asseu. Comença a fer jocs de màgia. La recordo en la marxa d'aproximació, em comentà que estava a punt d'obtenir la primera feina decent —pagada per hores però ben pagada— a canvi de fer jocs de màgia tres nits a la setmana en un conegut pub de Barcelona. Vés per on va voler fer la primera prova al peu del Txomo Lungma... Sabia que havia fet unes classes amb en Kuà-duo-ming, un prestigiós mag xinès que impartí sis mesos de classe a Barcelona invitat per l'Institut del Teatre; sabia que havia estat una de les sis triades per al curset sobre quaranta aspirants, però encara no l'havia vista mai.

Barrejà les cartes, ens en feia treure una i l'endevinava. Ho va fer vint-i-cinc vegades sense cap equivocació. Recordo els seus dits llargs i fins barrejant-les amb elasticitat; aquells dits que s'esgarrapaven sovint en l'escalada de roca. La cara dels xerpes quan les endevinava. Les seves gesticulacions. Quatre cops al cor per al quatre de cors...

Després els equilibris, com anà col·locant un got al peu esquerre, un altre got al peu dret, sis gots a cada mà en formació piramidal, vint-i-un gots també en formació piramidal damunt del cap. Com s'estirà amb habilitat de contorsionista. El moment en què una ventada féu dringar tots els cristalls on els estels feren pampallugues, just al moment que el seu cos es girava sobre si mateix repenjant únicament un maluc sobre un ressalt de roca; la tremolor de les copes damunt del seu cos immòbil, elàstic, la delicada suspensió en la qual romangueren tot seguit mentre l'aire les fregava i s'hi esmunyia deixant-hi els astres. Com es girà, com s'incorporà per finalitzar amb la postura del lotus. Els aplaudiments de tots plegats...

I, finalment, com entrà en la tenda del menjador, féu que apaguessin els llums de gas i, al cap d'una estona, sortia amb les mans en la positura de salutació i respecte hindú, però situant-les paral·lelament al terra. Avançava uns metres, molt lentament, fins arribar al centre de la rotllana. Cridava els xerpes. Esguardaven el que tenia entre les mans, que s'obrien amb una lluentor argentada. A dins hi havia la lluna! Una lluna clara com la que lluïa en el cel presidint l'obscuritat del campament com un far. Encara no sé com ho va fer. Demanà que li cobrissin les mans amb un mocador. Li varen treure la kata blanca i l'obeïren. Després demanà que la hi traguessin. Ja no hi era. La lluna s'havia esmunyit entre els seus dits.

Segurament fou la sessió de màgia més alta que mai no s'hagi fet. Cap dels cims europeus no arribava als més de cinc mil metres d'altura del camp base: el Mont Blanc en té 4.807. Recordo els aplaudiments arborats en aquella nit tan clara i rarament plena d'estels... La bellesa d'aquell espectacle no se m'esborrarà mai més de la memòria...

Havíem trencat el glaç amb aquells homes. Al vell que preveia el mal averany del dia anterior, li espurnejaven els ulls de meravellament quan veia la nostra contorsionista. S'havien acabat les pors. El cim havia de ser nostre...

L'endemà, el dia fou esplèndid. L'Ang Tsèring i l'Octavi feien llevar la gent. Evidentment s'esdevingué el que ja es podia imaginar: quatre faringitis, cinc ressaques com una catedral, un munt de dormilegues. La Mireia, en Roger Piqué, l'Octavi, el sírdar, en Nima i tres xerpes anaren a obrir via pel coll de Lhola.

L'endemà, 2 d'agost, en un dia, trènta xerpes i sis escaladors acabaren d'obrir-la, equiparen i muntaren el camp 1. Ho havien fet en un parell de dies! Durant els jorns que equiparen els tres primers camps, la Mireia sempre anà amb els xerpes, pel perillós coll del Lhola, ella sempre els animà amb la càrrega. Li reconeixien qualitats sobrenaturals, els excitava la fantasia amb les contalles. Els fets del temple li havien creat una aurèola que la feia aparèixer a llurs ulls com la deessa de la neu. Això els inspirava temor i admiració però: ¿qui no es podia sentir captivat per la deessa amb qui havia ballat la nit de la cerimònia de la benedicció? En deu dies els xerpes repartiren deu tones de material entre els tres primers camps i salvaren un desnivell que anava del camp base a cinc mil quatre-cents metres, al camp quatre, de set mil cinc-cents cinquanta metres. Les xifres parlen per si mateixes. Mai ningú no ho havia fet a tanta velocitat. La veneraven.

Potser ni nosaltres no podíem evitar de desfer-nos-hi. El fet de ser l'única presència femenina facilitava que no fóssim aliens a aquella temptació d'amabilitat...

El dia 16 la Mireia tornava a ser al camp base amb en Nima, en Roger, l'Ang i d'altres. Estaven rebentats, portaven tres dies a més de sis mil metres i això capola literalment la biologia de qualsevol. Semblava ben bé que la força d'un déu els hagués empès meteòricament fins aquelles altituds. Jo, aleshores, vaig marxar en el canvi del torn. Havíem gaudit d'un bon temps immillorable, em preocupava el monsó...

Poca cosa més puc dir-te. Escriu a en Flip Duarte i l'Octavi Falcó. Ells t'aclariran més coses. L'un, del que va passar en dies posteriors; l'altre, sobre la copiosa correspondència. Ah! Quan baixà al camp base s'estigué amb en Roger Piqué. Anaren a fer una excursió als penitents i ell tornà mig desllorigat. Fou un dels últims a estar-se amb ella abans de l'ascens.

Disposa sempre de,

ROMÀ D'ARENY

COM CRIDA L'ESPERIT DEL VENT ALS PENITENTS

Carta d'en Roger Piqué

Mataró, 21 d'octubre de 1986

M'ha preocupat que em fessis aquesta pregunta. Em ressuscita records que havia desat en el prestatge que la memòria reserva al material de l'oblit. Potser els qui no practiqueu l'alpinisme penseu que l'escalador és un personatge una mica guillat, capaç d'afrontar els perills amb un tremp producte de la irresponsabilitat que el mena a arriscar-se en l'ascens. No és així. Els alpinistes som persones normals. La majoria vam començar mig de broma un bon dia que ens ho proposà un amic. Després la bellesa dels cims t'aboca a la recerca d'unes altures cada cop més inassolibles. No hi arribes en un dia, cal una preparació d'anys. Durant aquesta preparació tens temps suficient per meditar allò que t'hi jugues. Acceptes el risc. L'experiència fa que et prenguis amb més calma escalades que al principi et feien tremolar. El gaudi esdevé més serè. Però, quan arriba el dia de superar-se tornen aquelles pors, que no atueixen el desig d'arribar allí on no tothom arriba, de fruir de l'inconegut.

Els alpinistes també tenim por, sempre hem perdut algun company que ha mort pel camí. Tanmateix aquest fet no ens atura. Decidir que val la pena posar en joc la pròpia vida per arribar als cims quan ja saps que la prudència no és una assegurança suficient dóna sentit a la rutina: fa que l'urpa del gaudi et faci sentir la pròpia carn una altra vegada. Potser allò que dóna sentit a la vida és la quota que estàs disposat a pagar per gaudir-ne. Camí dels cims, sobretot enmig de l'espectacle immens de l'Himàlaia, t'arrisques a viure menys temps, però mentre hi ets la teva vida val més la pena: canvies la buidor de la llargària per la intensitat corprenedora del silenci blanc. Quan finalment assoleixes l'objectiu dediques el goig del cim a aquells que, com tu mateix, saberen trobar la via del sentit, de la felicitat, com en Toni Sors, que quan arribà al cim de Sagarmatha en l'expedició anterior a la nostra, la del 85, dedicà el cim a l'Enric Pujol, company mort durant el descens del Broad Peak, de 8.047 metres.

Deus pensar que això és una droga, que vull explicar-te alguna extralimitació de la Mireia en l'escalada. Doncs no. La Mireia no abocava més carn a la brasa de la necessària. Reculava quan calia, flanquejava astutament, s'assegurava bé quan el risc l'amenaçava. El que t'explicaré tot seguit s'esdevingué més avall del camp base, però té a veure amb alguna de les pors que t'esmentava, tot i no ser exactament el mateix. L'Everest no és la muntanya tècnicament més difícil, però sí que és la més dura. L'esgotament és un moment propici per al somieig. Ja ho havia oblidat. El pànic és un sentiment freqüent en aquells verals. Tots l'oblidem tan aviat com ha passat. La minva de les nostres facultats sensorials ens fa desconfiar de tota mena de certituds. Només ens fa por allò que no coneixem, i el Sagarmatha té massa cops amagats.

Havíem instal·lat ja el camp 3. L'enorme velocitat de la progressió ens havia rebentat. A mi, el mal de cap no m'abandonava: em comprimia la zona occipital com si em tanquessin el cap en el calaix metàl·lic d'un arxivador. En Tsèring deia que era normal, m'havia de moure més lentament i respirar dos cops per cada acció que en condicions normals exigiria una inspiració. Pagava el tribut a la muntanya per la gosadia de remuntar-la amb tanta rapidesa. Vam baixar fins al camp base, però els dolors no desapareixien, així doncs vam fer una excursió camp base avall per veure si el mal de muntanya cedia.

Devia ser aproximadament el 15 d'agost. M'acompanyaven en Nima i la Mireia amb la intenció de fer una mica de relax. Havien estat empenyent xerpes i escaladors durant els dies anteriors amb una embranzida formidable. És curiós, van baixar tan rebentats com jo però, amb una nit al camp base, ja havien recuperat les forces. Baixaven el senderol amb la mateixa alegria que un parell de nens de Barcelona fent les vacances a pagès. I jo, els seguia com podia.

Ens aturàvem sovint per contemplar les formes capricioses que provocava el lent desglaç d'aquelles estribacions finals de la glacera. Eren d'una fantasmagòrica bellesa. La glacera porta gel i rocs fins allí. A voltes els rocs conserven les baixes temperatures nocturnes de tal manera que, mentre el glaç se'ls fon al voltant, el de sota roman intacte. Les formes capricioses que aquest fenomen produeix són increïbles. Vam fotografiar un immens bolet de glaç d'uns sis metres d'alçària que tenia per barret una roca plana; devia pesar unes dues tones! El trobàrem a tres quarts d'hora del camí del camp base. La Mireia el fotografià de totes les maneres possibles. En Nima féu veure que volia escalar-lo i ella l'atrapà rient perquè en desistís. Continuàrem avall.

Al cap de mitja hora més ens internàrem en un camp de penitents. ¿Com et podria descriure la impressió que em produïren aquestes formacions glaciars? Semblava que entréssim en una ciutat morta des de feia mil·lenis. Una ciutat ciclòpia, els habitants de la qual ens venien a trobar hieràtics i incorruptibles a través del temps. Els penitents són unes piràmides verticals de glaç que arriben a tenir vint metres i més d'alçària; pugen cap amunt esmolant llurs arestes per l'acció del vent. Originàriament formaven part del glaciar i de fet provenen del seu esmicolament; comencen la seva existència com a séracs esquerdats...

Allí s'acabaren les meves forces, els vaig dir que continuessin. El meu mal de cap persistia. Vaig ajeure'm entre aquelles moles enormes. En Nima i la Mireia continuaven igualment animats. Vam quedar que passarien a recollir-me. La Mireia em digué que no patís, pararien per allí a prop per fer una «pràctica» i escalar-ne un a cop de piolet. Vaig pensar que eren una mica bojos, però no els vaig dir res. La Mireia s'acomiadà amb el compromís de tornar abans d'una hora per saber com em trobava...

Vaig estirar-me en el pendent. M'alleujava sentir-los pujar amunt bo i rient. Lentament la seva veu s'anava extingint. Al cap de deu minuts el dolor cedia lentament.

M'estava mig adormint. Aleshores em vingueren pensaments de malson, probablement pel meu estat. Bufava el vent, que esmolava les arestes d'aquells blocs com un ganivet. Vaig començar a témer que no fessin alguna bogeria que els accidentés. De sobte, vaig pensar en les contalles de la glacera; en els innombrables cadàvers morts més amunt, en les allaus de la gran cascada de gel que seguien les expedicions de la ruta usual. Aquells cadàvers apareixien més avall, al final de la llengua, prop d'on érem, al cap de molts anys, alguns perfectament conservats, amb llurs ganyotes agonitzants per testimoniar-nos que aquella pujada no es podia agafar a broma. El vent augmentava i em llançava una cortina de neu pols al damunt. Potser havia passat mitja hora. Tenia el cap més clar. Una premonició em premia el cervell amb dits de ferro. Aquelles rialles en aquell cementiri. Aquelles rialles no havien de ser-hi.

Una bufada irrompé cridant furiosament on jo era i féu davallar uns trossos de glaç fins al meu cos. Vaig incorporar-me, assegut. Havia de pujar a buscar-los. De sobte tot s'encalmà i, aleshores, vaig tornar a sentir aquell crit agut sense el vent; ¿o era que el vent s'esmunyia en els penitents de més amunt que jo no veia? Em fregava el front amb la mà enguantada. La pell se m'havia posat de gallina. Aquell crit del vent tan agut, aquell crit bestial i esgarrapador que no es podia comparar al de cap animal conegut sobre la faç de la terra: ¿quan de temps vaig quedar-me palplantat? L'Himàlaia té això: deixar-te amb l'esglai al cor quan fa anys que res no t'ha produït autèntica paüra. En aquells moments ja no sabia què fer. Vaig calmar-me. Però tornà el crit: com si el vent tingués ànima de monstre. I allí, on jo era, res no es movia per la seva acció.

No vaig tenir temps per reaccionar. Una petita allau de rocs de glaç de bastants quilos cadascun es desprengué uns deu metres més amunt. Vaig veure què el produia: un roc d'uns cent quilos aparegué del darrere d'un penitent, caigué ben bé al mig. No he vist mai una caiguda com aquella, el roc s'hi projectà descrivint una paràbola, com si l'hi hagués llançat una mà gegantina. Devia haver baixat de dalt del penitent i algun ressalt el devia haver fet salvar variant la seva trajectòria d'aquella manera: en un cluc d'ulls el tenia al damunt. Saltava rabiosament per esquivar-los, però en la baixada vaig perdre l'equilibri, queia de genolls. Un altre cop! Un em percudí en el punt on m'havia esquinçat els lligaments interns feia dos anys a la Masella, cosa que m'havia produït un vessament de líquid sinovial que encara em feia mal de tant en tant. El dolor em feia recargolar. Petites allaus de rocs mitjans continuaven baixant. Ara semblava ben bé que algú els iniciés a puntades de peu. Al cap de dos minuts s'interromperen.

Vaig romandre una llarga estona assegut al terra bo i posant-m'hi glaç perquè cedís el dolor. M'anguniejava una idea. Allí hi havia algú que ens volia mal. Havia de pujar, pujar a ajudar-los! Mig coix vaig remuntar aquells deu metres. No es veia ningú. Amunt! Em feia un mal de mil dimonis. Ara era jo qui produia petites allaus. Només se sentia el vent, amunt, cridant com una bèstia malferida. Després s'assuaví, xiulava. No vaig tornar a topar amb més allaus fins que, sense saber-ho, em faltava poc per trobar-me-la. Foren deu minuts angoixants. La vaig sorprendre en girar un penitent. Féu un bot sobresaltada. Estava blanca, pàl·lida. Més amunt, se sentia en Nima cantant una cançó al capdamunt del penitent, no el vèiem. Li vaig demanar:

—Et trobes bé?

—Oi tant! Per què m'ho preguntes?

—Per res. M'havia semblat que...

—Si?

—No res. Coses meves. No em facis cas, és el mal de cap que...

—T'ha marxat?

—Sí.

No me n'havia adonat i m'havia marxat del tot...

—Aleshores ja podem tornar cap al camp base.

—És clar.

Vaig fer el gest de marxar.

—Espera't que baixi en Nima. ¿Què et passa en el genoll?

—No res. M'hi ha caigut un roc de glaç i...

—Quin escalador! ¡No li passa res obrint via fins al camp 3 i se'ns accidenta baixant del camp base!

I m'acaronà la galta suaument.

Hi arribàrem passat el migdia. Al cap de mitja hora aparegué la Iang, una dona d'edat avançada que cada dia ens pujava verdura, mantega fresca i la cervesa local amb un parell de iacs. Sempre hi xerràvem una estona i ens donava notícies de la vall de Khumbu. A la Iang, li agradava d'explicar coses i ho feia amb entusiasme complagut. Ens va dir que ens havia vist als penitents a tots quatre: nosaltres érem tres i no quatre. Com que la dona no estava gairé bé de la vista, no li vaig fer cas.

Durant la tornada no n'havíem parlat. La Mireia no em digué res, sempre havia estat una persona molt reservada, però ja no em vaig treure més aquella seva expressió vora el penitent. Em recordava el pànic que m'havia fet pujar a mi fins allà mateix. Em costa de reconèixer que la meva arribada sobtada l'hi hagués pogut provocar. Després, al campament, no en tornàrem a parlar. Ho vaig deixar estar amb el convenciment que havia estat un malson per neuràlgia. El genoll se'm queixà durant la resta de l'expedició. No vaig poder pujar als camps superiors.

M'imagino que amb tot això no t'he aclarit gairebé res. Quan ella va pujar amunt ja no ens vam veure. Jo vaig romandre al base per les molèsties als lligaments. Després, a la tornada, quan passàrem de nit per aquell indret, no vaig poder evitar que el calfred m'enrampés fins al moll dels ossos.

ROGER PIQUÉ

LA VEU DE L'OMBRA A SET MIL VUIT-CENTS METRES

Carta d'en Flip Duarte

Donostia, 25 d'octubre de 1986

Estimat Josep,

Abans de respondre el que em demanes no vull deixar de dir-te que apreciava molt la Mireia. Fou de les poques persones que tenien una consideració profunda per aquelles petites cultures de pobles que —com la vostra i la meva— havien perdut feia temps el tren del protagonisme a les conteses mundials. Quan em va començar a escriure devia transcórrer l'estiu del 1983. Quan va marxar al Nepal ja en sabia més coses que jo mateix. Sovint ens obsessionem tant per la pròpia situació que oblidem els altres. La Mireia no incorregué en aquest error que a la llarga et duu al simple localisme.

Què em demanava a les seves cartes? De primer, fonamentalment coses del país. Em feia consultes idiomàtiques. Li trametia llistes de vocabulari. Coses senzilles perquè els meus coneixements gramaticals sobre el xerpa són pocs a causa de la manca de bibliografia. El 1983 li trametia llistes com aquesta:

DORMIR	NNILO
LLUNA	UGLA
FOC	ME
LLENYA	XIN
SOL	GNIMA
BÉ	LEMU
MAL, DOLENT	LEMU MINDU

Després les preguntes més usuals;

XI MINLA KANSI? COM ET DIUS?
ETC.

El vocabulari de parentiu li costà molt, cosa natural, és llarg i molt més precís que el nostre. Les relacions de parentiu tenen una gran importància per als xerpes que, com els hindús però sense una voluntat tan sectària, s'organitzen per clans (ells en diuen ru). De fet, l'única prohibició decisiva és la del casament entre els membres d'un mateix clan. El seu vocabulari familiar és riquíssim:

AVA	PARE
AMA	MARE
AJANG	ONCLE MATERNAL
SHANG JUNG	FILLS DE L'ONCLE MATERNAL
MAU	FILLS DE LA TIETA MATERNAL
MAWIN	FILLA DE LA TIETA MATERNAL
CHIRMA	MULLER JOVE
CHERMO	DONA

PHUM	FILLA DEL GERMÀ
TSAU	ONCLE POLÍTIC PEL COSTAT PATERNAL

La llista de noms de parentiu seria interminable.

Un cop apreses les frases i vocabularis més usuals el seu centre d'interessos va anar variant. Començà per demanar-me informació sobre bibliografia religiosa i mitològica. Estava molt interessada per aquest tema. Hi dedicà tot el 1985 i 86. Al final me n'ensenyava més ella a mi que no pas jo a ella. Encara recordo com li vaig insistir que fes el primer contacte amb els xerpes en la seva llengua...

Em féu cas. En la primera carta durant la marxa d'aproximació m'explicava com els havia demanat el nom a tots. Estava impressionada, s'hi havia entès... Tal com em pensava, això li proporcionà les simpaties dels xerpes des del començament. Dissortadament, no estan gaire acostumats que algú els parli en la seva llengua.

Des del camp 1 la seva òrbita d'interessos anà variant, òbviament volia pujar al cim. En una carta datada el 6 d'agost em demanava com havia vist en Martín després de baixar del cim de l'Everest; en Martín va ser l'únic de la nostra expedició basca del 80 que hi arribà. Li vaig explicar que molt més prim a causa de l'esforç. D'en Martín em cridà l'atenció sobretot la manera de mirar. Els qui hi arriben no són els mateixos quan en tornen. Tenen alguna cosa que no sabria explicar-te.

Aquella mirada em va recordar la d'un vell xerpa que ens dugué material a l'expedició del 74. Me'l vaig tornar a trobar a Namtxé Bazar l'any 80, durant la marxa d'aproximació. Aquell home havia fet el cim. Vàrem prendre el te a la seva cabana pobríssima, la pobresa del Nepal et produeix una primera impressió de desolació que varia ràpidament quan connectes amb l'afabilitat de la seva gent. Tenen poca cosa, però ho comparteixen, sovint penso si aquesta generositat no és una característica de les altures alpines.

Passang, així es deia, em mirava en aquella cabana miserable amb els ulls brillants i l'esguard amorosíssim. Amb una generositat absoluta. Deus pensar que els ulls li brillaven per l'acció persistent del vent glacial en la marxa d'altura. Potser queda alguna cosa d'aquest vent. Però no és només això. He vist els qui l'han patit dies i dies i els ulls els queden plorosos. L'esguard d'en Passang era entremaliadament amable, entranyablement feliç i alhora perdut... A on? Als darrers territoris inconeguts; en aquelles terres on els descobridors són i seran només uns quants; en aquells verals que només petjaran aquells que tinguin la benevolença tolerant dels déus: en els cims. Per això, el seu esguard vessava agraïment a bordolls. Així li ho vaig explicar, a la Mireia.

Després d'aquesta carta insistí força en una pregunta que, aleshores, no m'estranyà, però després ja no m'abandonà com una premonició. M'he quedat fred quan he vist que tu també te la feies. En una carta datada el dia 16 d'agost des del camp base em demanava:

—¿Vas veure alguna cosa estranya abans d'arribar al camp base?

La meva resposta fou negativa. En una altra carta escrita des del camp 1, una setmana després, la Mireia em feia la mateixa pregunta abans que hagués pogut rebre la meva resposta a l'anterior. La meva nova missiva intentava reflexionar sobre fets estranys en aquelles altures per les al·lucinacions que sovint provoca la manca d'oxigen. Li explicava que els meus fets estranys, si així es poden anomenar, es produïren a uns set mil cinc-cents metres d'altitud, en la segona expedició basca, la del 80.

L'any 1980 érem al campament 4 de la ruta del coll sud. Descansàvem dins les tendes per intentar fer el cim l'endemà salvant un desnivell espectacular. L'intent anterior s'havia col·lapsat a causa de la gran quantitat de neu caiguda. Era la tarda. Una tarda calmada. De sobte vaig veure una ombra grandiosa i vaig sentir tot seguit una fragor aguda que semblava que esquincés el cel allí mateix. L'ombra era d'uns dos metres i mig de llargada, es reflectia en la tela isotèrmica de la tenda. Vaig sortir per veure què era. No hi havia ningú, només la remor obsessiva del vent. El vent esborrava un rastre? No t'ho sabria dir. El meu company ni ho va veure, tot i que va sentir el soroll i el va explicar per l'escanyament del vent en algun coll. A partir de set mil metres el sistema nerviós s'alenteix i falla. Vaig pensar que devia haver estat un miratge o l'ombra d'un trencalòs, perquè a prop del campament no hi havia cap coll. Els trencalossos són uns grans ocells que s'alimenten de carronya, especialment dels ossos dels animals morts. No n'havia vist mai cap en aquesta altura. De tota manera puc assegurar que aquest fet no em deixà dormir tranquil, encara que fos un voltor carronyer com aquell la cosa no m'hauria fet gens de gràcia.

Tornat al camp base, les coses es veien amb uns ulls molt diferents, el metge creia que aquesta mena d'experiències havien de considerar-se normals en aquelles altituds. Aquella experiència romangué gravada en la meva memòria. Quan la Mireia m'interpel·là per segona vegada des dels camps d'altura em va retornar fresquíssima a la memòria, com si no haguessin passat els anys. I la hi vaig explicar.

La Ditets, però, no concretava més en la seva pregunta. Coneixia la seva natura reservada. Estic segur que en la seva interpel·lació insistent cercava el suport de l'amic que li havia de donar la clau per interpretar quelcom que racionalment no podia entendre. Aquest fet l'havia de dur de bòlit, la preocupava. En una carta datada pocs dies abans tornava a preguntar-m'ho. Pel que deia, encara no havia rebut la meva explicació. Potser no la va rebre mai. En aquesta ocasió em demanava explicacions sobre el soroll del vent. Primerament em sobtà aquesta qüestió. Després vaig asserenar-me i vaig redactar una resposta que és segur que ja no llegí. T'ho explicaré, tanmateix.

La piràmide dels darrers mil tres-cents metres del Txomo Lungma —nom xerpa de l'Everest, que vol dir deessa mare del país— venteja sovint com el cap d'un gegant que fumeja i en la ventada se sent un estrèpit similar al d'un tren quan passa a tota velocitat per una estació. Sembla ben bé com si el cel no tolerés els vuit-cents metres de més que li insulten la sobirania. En Martín, després d'haver fet el cim, ens explicà ja al camp base que són uns metres infernals, plens de botelles d'oxigen que els escaladors han anat abandonant durant l'ascensió i de cadàvers d'estimbats o congelats. Ell topà amb un de l'any anterior —el 1979—, de l'expedició nord-americana, en Ray Genet. En Martín diu que des d'allí el soroll canvia i es fa més agut, com si algú esquincés el gran vestit estelat del firmament.

Si puges en aquelles condicions, inevitablement escàs d'oxigen per la limitació del pes, en una piràmide cementiri d'ampolles d'oxigen, d'homes, a trenta graus sota zero com a temperatura normal, pregant a Déu perquè no s'aixequi vent, i sents aquella fragor, n'hi ha prou per caure daltabaix col·lapsat. Sembla que trontolli tota la muntanya. La descripció d'en Martín era paorosa. Ens digué que la satisfacció del cim és inefable, però que no hi tornaria mai més.

La veritat és que no sé si alegrar-me o no pel fet que no arribés a llegir aquesta carta. Tal com van anar les coses no sé si hauria estat beneficiosa o no. D'altra banda cal relativitzar la informació que jo li trametia a través de la narració d'en Martín, i no perquè aquest no fos sincer. No s'ha experimentat prou bé com els sentits deformen la informació a més de vuit mil metres en l'ambient natural (el de les naus espacials i els avions és artificial); les úniques experiències són les empíriques: les escalades, i no en tenim prou informació. La reacció de l'oïda pot canviar. Potser envia una informació que el cervell percep com a diferent perquè l'altera o ha estat alterada. Potser fou això el que sentí en Martín.

L'embeneitiment cerebral allibera l'inconscient i en Martín, com jo mateix, era humà. Vés a saber, sospito que la Mireia patí algun fenomen d'aquest tipus. Però la seva reserva, dissortadament, no em deixa esbrinar res més. Espera haver-te ajudat,

FLIP DUARTE

ON S'ESCRIU EL NOM DE LA LLIBERTAT

Carta de l'Octavi Falcó

Barcelona, 3 de novembre de 1986

Apreciat Josep,

Pots obtenir informació de l'ascens de la Mireia a través de l'August Camprubí, que era al camp 4 el dia 19 i l'Òscar Casacoberta, que era al camp 3 el mateix dia, ambdós la degueren veure quan baixaven. Sobre l'atac no t'aconsello que demanis informació, primer perquè qui millor ho va veure encara no s'ha recuperat; segon perquè els detalls de l'episodi poden ser massa impressionants per llegir-los, sobretot per a un familiar. Tu mateix...

Em demanes també si vaig observar quelcom estrany en el campament, sobretot en la Mireia, durant aquells dies i si he entès la predicció del Gran Lama. No t'ho sabria dir exactament. Jo era al camp 1 gairebé sempre. La vaig veure quan baixava del camp 3 el dia 14, la vaig felicitar pel ràpid progrés aconseguit i la vaig abraçar efusivament. El període de convivència més llarg que vam passar fou del 16 al 18 d'agost.

A sis mil metres d'altitud no hi ha ràdio. Enlloc no hi havia televisió, ni cassets... És curiós com la manca d'aquestes coses et porta a la intimitat, a enraonar amb un quadern de notes o un company...

Al camp 1 em vaig adonar que fins aleshores no l'havia coneguda bé. Havia escalat amb la Ditets a Montserrat, a Posets i al Pedraforca. Allí vaig veure les seves grans qualitats. Realment es guanyava el sobrenom. Les seves mans s'adherien a la roca llisa com l'Araldit. El pas que nosaltres superàvem amb la força bruta ella el pujava amb elasticitat. La recordo encara, la més petita del grup, amb aquella cua de cavall color caoba. La petita... Però aquelles escalades només eren excursions de cap de setmana on tots plegats ens esbravàvem de les tensions urbanes anònimament, sense gaires confiances, amb la més absoluta reserva que permet l'ambient distès del bon humor.

Al Txomo Lungma és diferent, sobretot quan les coses es posen difícils. T'hi trobes molt sol. Esperes àvidament la correspondència, cerques com un infant la substitució protectora de la mare en els amics. I als amics, amb seixanta dies sense televisions ni cadenes de ràdio, els pots muntar un serial de la teva vida. Jo vaig arribar a conèixer la seva.

Era el vespre del dia 17. L'Enric Casamada i l'Eliseu Mas reposaven al camp 4 després de dos dies d'equipament inefables: havia nevat el 16 i el 17. En aquelles condicions muntar el camp els havia deixat fora de combat. A més a més teníem en Roger Piqué amb els lligaments delicats al camp base... En Joan Puig Anglada i l'August Camprubí eren al camp 3 per rellevar-los l'endemà i intentar un primer assalt o muntar el camp 5 d'emergència. Al camp 2 l'Òscar Casacoberta, l'Alfred Muntanyà i en Jordi Fernàndez Gil esperaven com a cordada d'atac més segura. Començaven les hores d'espera, si els dies posteriors el temps no acompanyava, l'espera d'aquests homes als camps superiors podia deixar-los inservibles per a la supervivència d'altura i, a més, podia desproveir els camps que amb tant d'esforç havien proveït la Mireia, en Roger, l'Antoni i els xerpes.

El llum pendolava pels cops de vent que feien trontollar tota la tenda. A fora nevava amb densitat. La neu s'amuntegava a la sortida. Preparàvem una sopa de sobre. Sentia les fregues frenètiques de la Mireia per fer-se passar el fred. Jo recordava els sopars de Barcelona...

—Si ara fos a Barcelona, aniria a l'Agut d'Avignon.

—Doncs jo no.

L'havia pifiada...

—Per què?

—Perquè no tindria ni un duro per anar-hi.

El temps ens feia patir i ens encaparrava. No m'havia tallat mai d'aquella manera. No poder anar al restaurant no significava pas la misèria. Però la seva resposta, seca, pràcticament me la féu sentir. Vaig pensar que jo pertanyia a una generació que ho havia menyspreat tot, bona taula inclosa, però que havíem tingut la llibertat d'acceptar-ho en un moment de la nostra vida. Ens separaven disset anys. El fet que gent més jove que jo es mogués en aquella precarietat em sabia greu i em preocupava. Coneixes la crisi i l'atur. Saps les xifres que s'anuncien pels informatius, però no t'adones de tot el que això significa fins que algú ve i et diu: mira, les estic passant... I t'ho explica. I aleshores pressents com et trobaries si estiguessis en la seva situació. Però això no passa sovint perquè o no els coneixes o ells no t'ho diuen ja que tenen por de fastiguejar-te amb els seus problemes. I com més gran et fas més ignores i et sembla bé d'ignorar el que et pot complicar la consciència. Vaig pensar que havia tingut sort en aquesta vida. I que hi havia molta gent que havia hagut de lluitar molt més que jo perquè se li reconegués la vàlua. Era injust. I, al capdavall, com amb el Sagarmatha, l'esforç no sempre germinava en la victòria. La meva solitud s'intensificava, em sentia com una espurna grotesca. La Mireia romania silenciosa amb ulls de mur.

—No t'enyores?

—No, no m'enyoro.

Ho digué amb seguretat. No mentia. ¿Per què aquella dona experimentava un estat d'ànim diferent del de tots nosaltres? ¿Per què no se sentia rebutjada per aquell lloc inhòspit com nosaltres? ¡Continuava fregant-se les mans a causa del fred i no s'enyorava! De cop i volta un munt de records em vingueren al cap. La primera vegada que la vaig veure al CEC. Devia tenir quinze anys. La secretària em comentà que al curset d'escalada hi havia anat una noia que s'arrapava al conglomerat montserratí com si fos un esquirol i que excepcionalment era d'aquella reduïda fornada de fèmines que, quan veia el Cavall Bernat, no deia amb veu de trompeta amb sordina constipada:

—Ai! Això tan alt i tan llis haig de pujar? ¡Quina por!

La seva agilitat li havia valgut el sobrenom de la Ditets entre les companyes fòfiles de curset. Li vaig preguntar d'on era i em respongué que del polígon Canyelles, un barri obrer prefabricat que s'havia creat dalt de tot del passeig Maragall durant l'època d'en Porcioles per col·locar en algun lloc l'onada immigratòria dels 60... No se'n sabia gaire cosa més... Vaig esperar que me la presentessin.

Em pensava que veuria un ximpanzé. Quan ens presentaren s'esforçà a emprar un català correcte. Parlava un català d'escola, poc fluid, la inseguretat gairebé la feia quequejar. La seva voluntat em commogué. La nit del 17 d'agost al camp 1, en canvi, la seva fluidesa era absoluta, però el seu aspecte era el mateix que el del primer dia i no tenia res a veure amb el d'un ximpanzé. Els cabells li arribaven deixats anar gairebé fins a la cintura i la seva pell era blanca a desgrat de les cremades de l'altura, com el primer dia que la vaig conèixer, alta, més aviat prima, l'escaladora més esvelta que mai he conegut.

Tornava a recordar-la en el CEC l'any 82.

—Vols venir a escalar al Cavall Bernat?

Els ulls se li il·luminaren. Sabia que era una prova. Només respongué emocionada i continguda, dibuixant tímidament un somriure.

—Sí.

A partir d'aquell dia sempre sortíem a escalar junts. Ella no parlava mai de la seva vida. Coneixíem el fet que el seu pare estigués aturat, una certa penúria econòmica de la família. Vaig pensar que potser el nostre mutisme havia constituït una crueltat sense premeditació. Se m'acudí de dir-li:

—Quan tornem a Barcelona et convido a l'Agut d'Avignon.

—Gràcies. T'ho agraeixo molt, però m'agradaria ser jo qui...

Ho deia tímidament, amb un fil de veu.

—Deixa-ho estar, dona....

Vaig fer-li un copet a l'esquena, la cullera es mogué dins del plat, sobtada pel moviment imprevist del braç. La sopa hi onejà. En caigué una mica a terra. La seva mirada restà perduda en aquella direcció. El moviment oscil·latori del llum de gas multiplicava les nostres ombres sobre la tela de la tenda. Ho pronuncià baix, prement els dits en el plat, sota el llum intermitent.

—A vegades una se n'afarta que la convidin.

Les seves paraules exhalaven una amargor profunda...

—¿Saps qui m'ha deixat els diners per pagar-me les poques coses que l'expedició no cobreix?

—Qui?

—El meu germà. ¿Saps qui me'ls deixava per fer les escalades de cap de setmana?

—No.

—La meva àvia. Encara li dec els diners dels esquís.

Ràpidament, se m'acudiren una colla de detalls de les nostres sortides. El fet que ella no pagava la gasolina, que sempre duia una carmanyola amb el menjar i refusava d'entrar als restaurants de pagès que no eren precisament cars. Ho refusava fins i tot quan la invitàvem...

—Quan vau començar a anar als Alps i em dèieu si volia venir-hi no podia per manca de diners. M'ho havia de pagar d'alguna manera. Vaig plegar a segon de BUP dels barracons de l'IB. Guineueta. ¿Has anat a buscar feina algun cop a través dels anuncis de *La Vanguardia*?

—No.

—No t'ho aconsello. Sobretot si ets dona. En algun lloc fins i tot em van prendre les mides de la cintura i els pits i mentrestant m'asseguraven que només hauria de fer de cambrera. En aquelles ocasions se'm regiraven els budells per dintre. Al final vaig anar a parar a una fàbrica d'embalatges on no em pagaven ni el sou mínim per vuit hores en una ciselladora. No ho vaig aguantar... després van venir les classes de màgia... la proposta de l'Everest...

Tenia els ulls llagrimosos. Ella sabia que jo dirigia una empresa. Durant aquells quatre anys no m'havia demanat cap mena d'influència. Vaig pensar que no totes les persones paguen el mateix preu per la seva dignitat. La vida és curiosa, l'havia triada entre centenars amb uns criteris de selecció durament darwinians. En aquell moment vaig entendre moltes coses. A Barcelona, la Mireia era una aturada més amb qui es podia comerciar al preu baix de qui pot triar entre molts per fer la mateixa feina. A l'Everest era la millor escaladora catalana del moment. A la muntanya, als cims, el nom de la Mireia era el d'una deessa, era el de la llibertat... Em semblava que havia intuït algun aspecte de la predicció del Gran Lama per uns camins molt diferents. No puc negar-te que això condicionà en part la meva decisió. En un principi la Mireia no havia de formar part d'una cordada d'atac. ¿Però com podria tenir prou estómac per negar-li el dret a l'atac si me'l demanava, sabent com sabia que el que duia de vida ja ho havia donat a la muntanya, que realment tenia possibilitats?

Els seus llavis marcaren la tènue inflexió d'un somriure.

—De què rius?

—Pensava en el primer dia que et vaig veure.

—Tant de riure faig?

—No.

—I doncs?

—M'havien explicat qui eres. Els teus sis mil als Andes. Els teus set mil i vuit mil a l'Himàlaia. Sabia que dirigies una empresa de productes alimentaris. No sé per què m'imaginava que tots els executius havien d'anar amb corbata, americana i el cabell curt. La teva imatge no em quadrava amb la d'un escalador. I quan et vaig veure... Amb texans, el cabell una mica llarg, la barba i el nas cremat gairebé no m'ho creia.

—I et va fer riure?

—No, em vaig quedar parada. Quan vaig riure de debò va ser un altre dia. Vas treure la cartera per pagar unes begudes. Jo era al teu costat. Hi havia una fotografia teva i de la teva dona. Devia ser algun festival perquè al darrera es veia molta gent...

—El primer festival de cançó de Canet.

—Duies el cabell més llarg que la teva dona!

—Llavors no ho era.

Somreia absent, mirant el plat on la cullera jugava remenant el líquid amb parsimònia. Amb una veu suau m'interrogava.

—Tens pensada la tercera cordada d'atac?

Feia estona que em temia aquesta pregunta.

—No. La baixa d'en Roger pel genoll i l'estat dels ulls d'en Romà després de les petites hemorràgies oculars modifiquen els plans inicials.

Deixà el plat. Em mirà de fit a fit. Sentia el vent. El joc de les ombres li amagava la testa intermitentment. Ho demanà amb seguretat.

—Deixa-m'hi anar.

—No ho sé...

—Conec perfectament el camí fins al camp 3, els he muntat. L'Ang i en Nima s'han ofert per acompanyar-me.

—Ja ho pensaré...

—Octavi...

M'havia agafat per l'avantbraç, la seva mirada s'havia tornat més greu, la cascada de cabells deixats anar l'acaronava des del pit fins a la cintura, un tram de la kata es deslligà del coll llarguíssim i s'estirà penjant avall des del seu cos inclinat. Les inflexions de la seva veu es feien més tèbies, suplicants.

—Et prometo que si ho veig malament giraré cua. Si us plau...

La coneixia molt bé. Si ho deia ho compliria. Anava amb dos homes forts. La sisena nació a col·locar una dona al cim, la segona a pujar integralment per aquella aresta, la primera a fer-ho en període monsònic...

—D'acord. Darrere teu marxarem l'Antoni i jo com a quarta cordada amb l'Ang Tsèring. Si fas el boig...

No vaig poder aixecar-li el dit. M'abraçà, em petonejà a cada galta com si li hagués ofert el millor regal d'aniversari de la seva vida. Sortí fent bots de la tenda. Al cap d'un minut dos xerpes cridaven d'alegria en un galimaties incomprensible, ja eren tres saltant enmig de la boira, fent pessigolles a l'infinit. L'endemà, dia 18, li lliurava la senyera. No ho hauria d'haver fet mai.

SEGONA PART

SI PUGES AL SAGARMATHA QUAN FUMEJA NEU I VENT

EL QUI TÉ EL CAP EN EL CEL

Carta de l'August Camprubí

Sitges, 10 de novembre de 1986

Josep,

Alguna cosa rara? I tant! Una colla de sonats a set mil metres d'altitud! Sí, efectivament, el dia 18 d'agost la Mireia, l'Ang Seng i en Nima Lang passaren al camp 2. La qual cosa implicava que l'Òscar Casacoberta, l'Alfred Muntanyà i en Jordi Fernàndez Gil passaven del 2 al 3 i en Joan Puiganglada i jo anàvem del 3 al 4. Ens col·locàvem a set mil cinc-cents cinquanta metres d'altitud. Mil tres-cents metres més i li grataríem el clatell. Quan pujàvem ens vam trobar amb l'Eliseu i l'Enric que anaven en direcció al camp base.

—Ja us ho fareu, macos. Això és un frigorífic amb corrent d'aire. Si em veiés la iaia!

Em digué l'Eliseu. I l'Enric...

—Us hi hem deixat una banyera napoleònica amb

l'aigua calenta. Ah! Quan hi arribeu recordeu-vos d'encendre els radiadors de la calefacció...

Van baixar en un dia fins al camp 2... Nosaltres anàvem vers al camp 4: dues tendes minúscules batudes pel firmament...

La cresta que conduïa del camp 3 a set mil cent cinquanta metres al camp 4 de set mil cinc-cents cinquanta metres era molt planeta a la vista. Devia tenir dos o tres quilòmetres de llargada. Però feia el seu pendent. Tota nevada. A la banda dreta s'obria la vall del Silenci amb un daltabaix de més de dos mil metres. ¡Quin nom més tètric! Vaig pensar que potser m'estaria millor a qualsevol discoteca eixordadora, pol·lucionada i multitudinària. Amb tot de fum i aquelles coses que tant odiava. Em venien al cap les preguntes d'aquestes ocasions. ¿Però què fa un xicot com tu en un lloc com aquest? I la resposta era només la de la mare: «L'animal, fill meu, l'animal. Un bon fill no fa patir els pares amb aquestes bestieses; tant que costeu de criar i després us jugueu la vida d'aquesta manera».

Vam arribar-hi passat el migdia. Semblava mentida, tant de temps somiant-hi i érem allí, al peu de la piràmide colossal de 1.300 metres d'altura que conduïa al sostre del món. Jo no ho veia gaire clar. En aquella altitud, mil metres en un dia són molts metres, però en Joan ho veia molt clar.

—Res, home, res. Això ja ho tenim coll avall.

Passàrem la tarda descansant. A la una de la nit començàvem a calçar-nos les botes, petrificades pel fred. Vint, trenta sota zero? Això no era el pitjor. El pitjor era la bufetada del vent... Però en Joan s'ho prenia a la valenta.

—Res, homes, res. Els primers tres-cents metres desencordats i cadascú al seu ritme. Grimpada ràpida. Què et sembla, fletxa?

No va veure la cara que feia perquè encara no m'havia tret la màscara d'oxigen...

Creu-me que em va costar desfer-me d'aquella màscara protectora. Per a mi aquella bombona era la vida. Cadascú carregà dos rodets de corda fixa per instal·larla més amunt. El primer a sortir de la tenda va ser en Joan. El segon jo. Una ràfega me'l tirà al damunt en un tres i no res.

—I si ens encordéssim, Joan?

—Sí, home, sí. Però ara no t'acoquinis.

—Jo, acoquinat?

—Era broma... Tranqui nen que està tirat. ¿Què et sembla si tanques la tenda abans que se'n vagi volant?

—Sí, sí.

La neu era dura, feia molt més fred del que podia imaginar-me. Havíem sortit a les dues. Els grampons s'hi clavaven bé, però aquell vent et feia anar a càmera lenta. Havíem de clavar els dos piolets per fer una passa. Anàvem amb les quatre grapes i més a poc a poc que els nens de l'anunci dels bolquers de la Dodot-dodotis, quin cansament!

L'aresta oest de la piràmide feia una inclinació força més accentuada que la carena que havíem pujat abans del camp 4. A més a més, havíem de fer marrada per no ficar-nos als roquissars cada vegada més abundants.

—No et preocupis, home. Quan arribem a dalt del coll quedarem arrecerats del vent.

Vam arribar-hi a les set de la matinada. Havíem salvat

dos-cents metres de desnivell. A dalt, hi feia més vent encara, xiulava com una bomba passant-te per l'orella. I a més, el coll no s'acabava allí i s'estrenyia fins a morir a la roca cent cinquanta metres més amunt. Li vaig dir:

—Joan. Això es posa marró.

—Res, home, res. Aquestes coses passen a la muntanya, ja se sap. Pit i amunt.

—¿Vols dir que no estem jugant a la ruleta russa, tu i jo, amb aquest vent?

—No, home, no! Cosa feta...

En Joan era un vegetarià amb quaranta-un anys, una botiga d'esports al carrer Roselló/Sardenya i molta moral. Continuàrem amunt.

Un fet estrany. I tant! Ens pelàvem de fred. En aquestes ocasions la gent pensa en la bandera, la pàtria, recopila el passat i fa coses transcendents. Doncs bé, ¿saps què ocupà les meves cavil·lacions? No ho diries mai. Em vaig recordar del meu viatge a la Toscana, a Itàlia. Del dia que vaig anar a les termes. Eren unes termes que hi havia més avall de Siena, en una carretera que anava cap a la costa, sota un pont. Le terme de Petriolo, es deien. Tenien l'increïble al·licient de ser d'època romana, amb els murs ruïnosos a la vista, i l'al·licient més increïble encara de ser de franc, cosa que a Itàlia és particularment interessant. A més a més, la piscina natural era molt a prop de l'aigua fresca del riu, feia un parell de pams de profunditat i tothom s'hi estirava. Em vaig recordar allí, estirat amb en Pep i en aquella aigüeta sulfurosa a seixanta graus més dels que em trobava en aquella aresta a set mil vuit-cents metres i escaig. Però no era aquest el punt que m'atreia més d'aquell record. Feia deu minuts que hi érem quan arribà una parelleta d'italians de la mateixa edat. Quina italiana, nano! Quina individua! Era una Sofia Loren però de divuit anys, morenassa, amb els cabells negres, uns ulls més grossos que la boca del metro, uns llavis més llargs i amples que la Diagonal i un nas més recte que el de la Cleopatra.

Es varen posar davant nostre capicuats de tal manera que gairebé érem a tocar per les puntes dels peus. El «nen» que anava amb ella era així com una mica repel·lent perquè va començar a dir:

—*L'Italia per gli italiani. Gli stranieri fuori. Hi hi hi!*

I la Sofia Loren li reia la broma per quedar bé, perquè a aquell grassó no se li podia riure la broma per cap altra cosa. La qüestió és que nosaltres l'enteníem. I és clar, era una mica empipador haver de fer l'orni d'aquella manera. Així que me'l vaig començar a mirar de cua d'ull amb cara de torero que porta espasa i es mira el toro. La individua s'ho va veure venir, aleshores vaig començar a sentir un formigueig a la planta del peu i vaig veure que la Sofia em mirava. El nen continuava.

—*L'Italia per gli italiani. Gli stranieri fuori. Hi hi hi!*

I a mi em va sortir de l'ànima de repetir-li la frase:

—*L'Italia per gli italiani. Gli stranieri fuori. Capito.*

El nen es va quedar fred; mentrestant, jo, la Sofia i en Pep ens en rèiem i li repetíem la frase i la Sofia em feia pessigolles amb el dit gros i l'ungla esmoladíssima a sota la planta del peu, a l'altura del turmell, al tou de la cama, al naixement de la cuixa... I no ho veia ningú perquè la blancor sulfurosa de l'aigua ho amagava tot: era com una boira densa, amb una pàtina de verd molt clar. Al final jo escalfava l'aigua en comptes que l'aigua m'escalfés a mi. ¿Tu saps què és prendre un bany en unes termes amb la Sofia Loren ressuscitada per fer-te pessigolles als peus? El nirvana dels budistes.

Quan va marxar es tombà un moment sense que ell ho veiés, aixecà una espatlla a tocar amb la galta i arrufà els dos llaviassos més gruixuts que els d'un besuc. M'envià un petó aeri que podia engegar els quatre reactors d'un Jumbo de cop i volta i a la primera.

La vaig buscar desesperadament per tota la comarca, però no la vaig trobar; m'hi vaig estar tres setmanes més del compte, fins que vaig acabar les reserves monetàries i vaig haver de tornar fent auto-stop. No la vaig veure mai més. Al cap d'un any em vaig enamorar de l'Angu i vaig anar oblidant del tot la Sofia.

Feia deu anys que m'havia passat, en tenia vint-i-un aleshores. I no hi havia tornat a pensar des de feia temps... Havia calgut que em posessin tants graus sota zero perquè me'n recordés. No et sembla estrany? I a més a més no m'ho podia treure del cap, ni volia, és clar, perquè em trobava més calent... ¡La ment té uns recursos de supervivència miraculosos!

Vam arribar al final del collet a dos quarts de nou. La roca era glaçada, d'un glaç blavós, lliscadís, i agafava un traçat gairebé vertical que només es podia passar a mà dreta. Era molt clar que no hi arribaríem. Ens faltava superar un desnivell de nou-cents metres. El nostre Everest s'acabava allí.

—Joan. Girem cua. Aquest fill del Floquet de Neu ens ha rebentat. No tenim temps material d'arribar allà dalt si no és a risc de fer bivac i baixar sense cordes fixes.

El millor que podem fer és instal·lar corda fins a baix i facilitar les coses als qui vinguin darrere nostre.

En Joan bleixava esgotat, com jo mateix, i no sabia què dir-me.

—Joan, la disjuntiva és molt clara. ¿Et sembla malament de continuar vivint encara que sigui al nivell del mar?

—Tens raó, xicot.

En Joan era un home admirable, començava a ser gran. Podia ser la seva primera i darrera oportunitat de pujar-hi i respectava l'esperit d'equip per damunt de les seves ambicions personals.

La baixada fou dura. Vam instal·lar els quatre rodets. Més de quatre-cents metres de corda fixa que devien situar els qui vindrien després gairebé als vuit mil.

Vam arribar a les sis al campament 4. Pel camí a en Joan li va començar a fer mal el nas. Sabia que el mal d'altura produïa nàusees, ofecs i un dolor fort al cap, però no al nas, així que no em vaig preocupar. Feia un fred que pelava, el vapor del meu bleix es congelava en sortir de la meva boca i m'estava creant una paret de cristalls davant dels badius. Quan em treia el glaç per respirar m'arrencava els pèls del bigoti...

Al campament 4 ens esperava l'Alfred Muntanyà, que ens havia preparat el sopar.

—Ostres, Alfred, això és un sopar de nassos.

Quan vaig haver dit això en Joan em va mirar amb ganes d'escanyar-me. No sabia què dir-li. Quan el baf calent li tocà la cara encara li va fer més mal. Vam comunicar amb el base per explicar els símptomes a l'Antoni.

—Li heu observat algun canvi de color?

—Home, potser des que ha entrar a la tenda se li ha posat una mica blau i se li torna gros, de patata.

El pobre Joan es mirava el seu nas amb cara de pena, com l'Angu quan li creix la cel·lulitis.

—Nois, aquest té el nas congelat. Escolta, a la farmaciola hi ha unes injeccions vasodilatadores, una cada hora, i cada mitja hora banys amb aigua a quaranta graus. Que s'hi posi en Joan. Canvi.

—Digues.

—Joan, això és una cosa molt seriosa. Quan et facin els banys et farà més mal per la descongelació. Has de suportar un dolor insuportable si no el vols perdre. Ànims, nano, que encara has de lligar molt.

Jo hi vaig afegir:

—És clar, això et passa per voler pujar el Sagarmatha amb bròquil i avellanetes. Bistecs, nano, bistecs.

—Vols callar?

—Sí, ja callo, ja. No te'n sents de fer-me la tabarra tota la nit per culpa de les teves herbes. Au, Pérez de Tudela, enfonsa-hi la nàpia...

Al primer bany no es queixà. Posar l'aigua a quaranta graus ens costava força temps, així que teníem el fogonet encès tota l'estona i caldejàvem l'ambient. Quan dúiem sis banys no hi havia manera. En Joan era com un nen rebec que no es vol prendre la sopa. Li vaig dir:

—Res, home, res. Pit i avall.

Mentre li encastava el nas en el pot em ventà un cop de puny que em deixà fora de combat. Quina nit! Vaig tenir temps d'explicar-li la situació i la ruta a l'Alfred amb tots els ets i uts.

—Alfred, hem volgut fer el superman. Aquesta aresta és una turbina d'avió. Des d'aquí no tenim accés a l'aresta sud, però fent una llarga marrada podríem arribar-nos a l'aresta nord-est del Tibet.

—Sí. I si els vigilants xinesos ens veuen des de baix faran una protesta diplomàtica al Nepal i engarjolaran l'Octavi sis mesos com a mínim, ¿que no te'n recordes que tenim constantment un oficial nepalès al camp base per si fem alguna entremaliadura? No. Ja ho van pensar els de l'expedició del 82.

—Vosaltres mateixos. El més lògic en aquesta situació és que col·loquem un camp d'emergència a vuit mil trescents com ho van fer els de l'expedició basca del 80. Us hem equipat amb corda fixa gairebé fins als vuit mil.

L'endemà era dia 20. Mentre baixàvem pujaren l'Òscar i en Jordi. Varen pensar l'estratègia del segon atac. Nevava. Tota la nit sense dormir. L'Antoni havia donat instruccions que en Joan baixés al camp base com una piula. Va ser com intentar matar mosquits a canonades perquè jo anava borratxo d'altura i de son. No n'hi havia prou a no poder dormir amb l'altura: li havia hagut de fer vint-i-un banys, a en Joan, durant tota la nit...

Vam arribar al camp 1, de nit perquè ens hi va dur l'esperit sant. El camp 2 era sol... La Mireia era al camp 3, no estava gens cansada. Els cabells se li trenaven amb la kata: estranya bandera blanca i caoba al vent. Li vaig dir:

—Apa, nena. T'hem posat corda fixa fins als vuit mil. Una mica més i hi pararan catifes.

Va somriure molt tranquil·lament. En Joan anava amb un nas que semblava el de l'Astèrix.

Durant el llarg descens jo anava pensant que el bany imaginari m'havia anat molt bé. Recordava l'italià grassó i el seu Hi, hi! Ara era jo qui feia Hi, hi! Si l'arreplegués...

Teu,

AUGUST CAMPRUBÍ

Postdata: no li comentis allò de la italiana a l'Angu, eh?

EL BLAU ESPURNEIG DELS GRAMPONS

Carta de l'Òscar Casacoberta

Barcelona, 16 de novembre de 1986

Efectivament, jo conduïa la segona cordada d'atac, formada per en Jordi, l'Alfred i jo mateix. El matí del 19 d'agost l'Alfred havia pujat al campament 4 per fer de suport a en Joan i l'August. Quan el 20 nosaltres pujàrem i ells baixaven, la cordada de la Mireia passà al camp 3 com a cordada tercera de suport o d'atac. Ens reunírem amb l'Alfred al camp 4. El camp 2 quedà desert. L'Octavi preferia esperar des del camp 1 i fer una tirada fins al tercer perquè l'Antoni pujava el 20 cap a l'1 i considerava més prudent romandre en el primer esperant-lo per formar la cordada que en el segon, més exposat a les allaus. No podia imaginar fins a quin punt havia esmolat les seves intuïcions.

El dia 20 nevà. Quan arribàrem al camp 4 la neu ens enterrava més amunt del genoll, no matava. L'Alfred estava una mica cansat per la seva nit a set mil cinc-cents metres d'altitud. Però no en férem cas. Vèiem clar que

Kuando me pases el dedo por mi pata kuidado no se te valla pal medio k la Alba me dio 1 kodazo y me duele mucho.

allò no seria bufar i fer ampolles. La idea de fer un camp d'emergència per al retorn del cim ens semblà assenyada, però volia dir que havíem d'arrossegar material fins a uns vuit mil dos-cents cinquanta, set-cents metres més amunt. Calia llevar-se d'hora. Potser a les onze. Ens posàrem a dormir.

Cap a les deu s'aixecà un vent molt fort. La tenda fimbrejava com si fos de paper de fumar. La cosa començava malament. Esperàrem desperts a dins dels sacs. A la una encara no havia amainat. No sabíem què fer. A les tres continuava. A les cinc de la matinada no cedia. Havíem d'intentar-ho o deixar-ho. Ens hi vam llançar.

Feia un vent que tallava. Devíem estar a trenta-cinc sota zero, les cordes fixes d'en Jordi i l'August funcionaven, l'Alfred es trobava bé.

—Amunt i força.

...Ens deia una veu des del camp base amb remota exaltació.

Cap a les vuit del matí el vent s'aturà, havia portat una espessa capa de núvols i començà de nevar. Vàrem arribar a la paret de roca a les dotze, realment el glaç que la recobria era lliscadís. Jo anava obrint via. La feina es feia molt fatigant. Vint metres més amunt el pendent es tornava més suau. Davant nostre teníem una pujada de gel i neu que havia de remuntar-nos uns dos-cents metres més amunt, cap als vuits mil dos-cents! Era un pla inclinat en forma de punta de llança que es clavava en un coll; vist des d'allí semblava menys vertical que el vertiginós couloir Hornbein, que quedava una mica més a l'esquerra.

La progressió es feia molt penosa. Instal·làvem la

corda fixa i clavàrem estaques al gel viu. Però la neu anava pujant d'altura i el pes que arrossegàvem al damunt i el cansament ens alentien molt la marxa. El qui obria via podia trigar minuts a treure la neu i fer-nos avançar un pam. Vàrem arribar-hi a quarts de quatre. Davant nostre tornava a dreçar-se una altra paret vertical que semblava més suau bo i enfilant-se a mà esquerra, ben bé per l'aresta oest. Vàrem pensar que era el moment per deixar el material i muntar la tenda. Érem a vuit mil dos-cents cinquanta metres, i a sis-cents metres del cim.

La lentitud de moviments a aquelles altures és exagerada. Trigàrem més de dues hores a allisar el terreny, muntar la tenda i deixar-hi les coses a dins. Se'ns havien fet quarts de sis. Intentar de fer bivac a la baixada era imprescindible si volíem arribar-hi. Els ho vaig proposar. Van dir que endavant.

Recordava l'experiència de l'expedició del 82, quan baixaren desencordats i el xerpa s'estimbà més avall d'on ara érem. Realment aquella piràmide era un infern. També tenia molt present com se li congelaren els dits a en Cadiach perquè es va treure un guant amb la intenció de cargolar un pitó més ràpidament en un tram de roca. Vaig fer encordar els companys per aturar una possible caiguda; ens tapàrem fins als ulls. Clavàrem matemàticament els piolets. Passet a passet. El gel blavós d'aquella paret no em feia gens de gràcia. Als grampons, només hi espurnejaven petites estelles blaves, transparents, i no s'hi clavaven bé. Ara i adés ens ensorràvem a trams de neu pols de més de mig metre de profunditat; la neu s'agafava i es premia a les soles, la qual cosa no permetia que es clavessin els grampons: portàvem pells de plàtan sense saber-ho. Jo obria via, després en Jordi i després l'Alfred.

Em tranquil·litzava el fet d'haver pres les mesures de seguretat que l'experiència ens aconsellava, però realment la muntanya ens reserva una planeta que difícilment pots defugir si no la coneixes. Anava a superar el pas més vertical, de quart grau artificial; un ressalt de roca em cridava perquè hi parés el peu que m'havia d'impulsar amunt. Hi vaig confiar, no vaig clavar el piolet. No me'n vaig ni adonar i volava cap per avall a més de vuit mil dos-cents metres d'altura. El roc havia cedit com si fos de volves de cabell d'àngel. Vaig tenir temps de preguntar-me: «Em pararan?»

Recordo que vaig topar amb en Jordi i li vaig passar pel damunt, em va esmorteir providencialment la caiguda. Quan vaig clavar el piolet era per sota de l'Alfred, que estava agafat a la roca amb cara de no voler-se morir. Realment la situació era peluda. En Jordi tenia les mans arrapades al piolet que el sostenia penjant sobre l'abisme. El més greu era que una cama li sagnava abundantment; li havia clavat els grampons! Bleixava com un brau abans de morir. Em vaig palpar: jo no m'havia fet res! ¡Però quina situació tan cínica!

L'hemorràgia d'en Jordi va tallar-se ràpidament quan li vam aplicar neu directament. En Jordi deia:

—Ràpid! Més! Ràpid!

I es queixava pel dolor que li causava la sobtada congelació.

En aquella curta estona havia perdut força sang. A més, l'esforç de parar-me a mi, aguantar-me, frenarme la caiguda i remuntar-se ell l'havia deixat exhaust. L'acaronava i li deia coses com si fos la meva dona. En aquells moments me l'estimava més que res en el món. No sabíem si tornaria a alçar-se. El veia defallit. L'incitàrem a aixecar-se diverses vegades, però no hi havia manera. Ens mirava agònic, molt afeblit. Passà una hora llarguíssima i encara esbufegava. Li vam afluixar el torniquet però tot i així es negava a llevar-se. Ho va intentar tímidament però trontollava massa. L'Alfred i jo ni ho comentàrem: el nostre cim s'havia acabat aquí. Un de sol ho podia haver intentat en solitari, però no se'ns acudí perquè en Jordi necessitava que l'ajudessin a baixar fins que arribés a un tros més pla. Ben bé fins al camp 4. No era improbable que haguéssim de transportar-lo, cosa que, sense llitera, podia ser força perillosa.

Finalment, molt lentament i repenjant-se, s'incorporà. No puc descriure't com vaig respirar quan el vaig veure amb el peu de la cama ferida a terra. Va fer una primera tirada veient les estrelles, però tot i els crits ens semblà que es refeia. Quan t'hi va la vida...

Quina baixada! Anàvem amb molta cautela, mig marejats, i a en Jordi, li ballava el cap. Se'l veia animat. L'asseguràvem entre els dos, més tard calgué ajudar-lo perquè el dolor li augmentà. En aquells moments me l'estimava més que ma mare i la dona plegades. Ell m'anava dient:

—Paparra! Més que paparra!

I jo li ho deixava dir perquè tenia tota la raó i així es calmava i ens calmava: si renegava ens indicava que no defallia i ho feia amb força. Per rapelar no hi hagué tantes dificultats: ho podia fer amb una cama. Ja a peu pla els seus braços feien servir els pals d'esquí amb tenacitat; van ser dues crosses providencials. Era un home fort. L'esforç titànic només el doblegà unes desenes de metres abans d'arribar al camp 4, quan se sentí salvat, llavors el recollírem i l'hi duguérem. Vàrem patir, va ser una sort que no perdés la consciència: el menjar calent el retornà i s'adormí ràpidament. Ens feia patir la ferida. Al camp 1 era on hi havia l'instrumental quirúrgic escaient per guarir-lo. Esperàrem la matinada amb impaciència.

L'endemà dia 22 baixàvem des del camp 4; va ser una odissea perquè a en Jordi la cama, li responia poc, com si la dugués adormida. En canvi ell s'havia recuperat anímicament. Continuava nevant. L'altura de la neu creixia perillosament. Vaig creuar-me amb la Mireia.

—Si continua nevant ho tindrem molt malament.

—Ja ho sé. Com es troba en Jordi?

—No ho sé exactament. Ahir li vam fer una cura d'urgència. No vam mirar avall per por a fer-li tornar l'hemorràgia. Ell està animat.

—En Jordi és de fusta.

—I tant! Em costa de creure que baixi tan animat. ¡Em fa por que caigui quan arribem a les plaques de roca que hi ha baixant del camp 2 a l'1!

—Assegureu-lo bé. Amb corda fixa, si us ho agafeu amb paciència, hi sereu amb un tres i no res.

—Mireia.

—Digues.

—No facis el boig.

—No pateixis. Si demà neva no sortiré.

Somrigué i em féu un copet a l'esquena. Jo estava intranquil. En canvi ella semblava molt serena. La seva serenitat m'espaordí, em recordà la mirada de la meva mare, havia mort de leucèmia sense que li ho haguéssim dit, feia dos anys. Primer et pregunten què tenen, tu els enganyes amb poca traça, ells s'ho imaginen però no fan més preguntes. Esperen amb la mirada més serena i tranquil·la que mai: aquella serenitat del seu esguard quan pujava. Crec que la proximitat de la mort els dóna aquella mirada de serena intuïció. ¿La vaig veure reflectida en els seus ulls? Segurament m'ho va semblar. No li ho vaig comentar, em preocupava la ferida del Jordi. En canvi ell li va dir:

—Ho veus? L'avantatge que et clavin ganivets en aquesta altura és que la sang és tan densa que no surt.

Ella rigué; la kata blanca li dibuixava el somriure en el cel. L'Alfred es quedà en el camp 3 per si la cordada de la Mireia el necessitava després de l'atac. Baixàrem fins al camp 1 penosament però sense accidents. L'Antoni i l'Octavi ens hi esperaven amb una farmaciola ben equipada. Tenia una premonició. De tant en tant, mentre descansava en el camp 1 tranquil perquè en Jordi ja era en mans d'un metge, em venia al cap la fragor del vent que sentia el dia 18 des del camp 3 i l'incident que s'hi produí. Era durant l'ascens per assolir el camp 4 i fer l'atac.

Havíem arribat al camp 3 en Jordi i jo. Devien ser les cinc de la tarda i descansàvem esperant l'Alfred. Feia molt de vent, sacsejava la tenda sense compassió. Em va semblar que sentia soroll a fora. Vaig obrir i vaig sortir per rebre l'Alfred. No hi havia ningú.

Algú havia desplaçat neu al voltant de la tenda. Vaig preguntar-me si ho podia haver fet el vent, però semblava escarbotat amb una pala, o com si algú hi hagués caminat barroerament.

—Deu haver anat a fer de ventre —vaig dir-me.

I vaig tornar a entrar a la tenda. Moments després

en Jordi i jo sentírem un estrèpit agut que ens esquinçà l'orella. Se'm va posar la pell de gallina. Aquell vent... Aquell vent era maledicció.

Al cap de tres minuts entrava l'Alfred, li vaig comentar allò del soroll i li vaig demanar si s'havia produït una allau més avall.

—Una allau? També l'he sentit. No, jo em pensava que era algun de vosaltres que tenia restrenyiment.

—No facis broma!

—Ja. Devia ser algun trencalòs que volia deixalles...

No em vaig quedar tranquil, quan anàvem a dormir li ho vaig agrair:

—Ah! Alfred. Gràcies per treure la neu.

—La neu? Quina neu?

—La que has tret al voltant de la tenda.

—Deus estar de broma, oi? ¿Que m'has pres per la minyona? ¡No m'afalaguis que no te la trauré pas, cucafreda!

No se'n va adonar, però em va deixar fred. ¿M'enganyava?

—Escolta, ¿que no has anat a fer de ventre abans d'entrar a la tenda?

—Guaita'l! ¡Ara em vol fer sortir a aquestes hores perquè se'm glaci el cul! Tu somies noi! ¿Que tens mal d'altura?

No li vaig respondre. De sobte em vaig sentir molt sol. Tenia por.

No vaig tornar a treure el tema perquè no volia que em fessin baixar abans d'atacar el cim. Potser realment m'havia afectat el mal de muntanya i havia actuat amb poca responsabilitat, l'estat d'en Jordi ho demostrava... Però, fracassat el nostre intent, no m'ho treia del cap.

Dies després, la gravetat dels incidents no m'hi féu pensar més...

L'Alfred comunicà per ràdio des del camp 3. Tot anava bé. Parlàrem del proveïment... De fet, els camps d'altura només tenien aliments per a tres persones i una nit: la quarta cordada d'atac. Aniríem a proveir-los quan baixés la Mireia, abans que hi pugés la quarta cordada. Ara penso que a la muntanya qualsevol previsió és provisional.

No tinc res més a dir-te, la resta de l'odissea te la pot explicar millor l'Alfred que no pas jo.

Atentament,

Òscar Casacoberta

SI PUGES AL SAGARMATHA QUAN FUMEJA NEU I VENT

Carta de l'Alfred Muntanyà

Barcelona, 22 de novembre de 1986

Detalls sobre l'ascens de la Mireia? Sí, sóc jo el qui va veure millor allò que s'esdevingué, fet i fet vaig ser l'únic. El dia 22 vaig quedar-me sol al camp 3 com a connexió de la cordada d'atac de la Mireia amb els camps inferiors: el camp 1 i el base, donat que al camp 2 no hi havia ningú. Des d'aquella privilegiada situació a la cresta de l'espatlla oest dominava tota la piràmide. T'ho explicaré per parts:

1

La Mireia atacà el dia 23. El dia 22 havia continuat nevant. Era clar que el Break Monsó s'havia produït i allargat durant la primera quinzena d'agost i que ara entràvem en una situació d'inestabilitat, ho hauríem d'haver vist més clar. El fet és que la nit del 22 al 23 el cel ens ensenyà les estrelles i la cordada marxà amunt animada, amb neu fins a la cintura. La recordo el dia 22 quan ens creuàrem, ells de pujada i jo de baixada.

—Aquesta vegada és nostre, Alfred. És nostre.

La kata blanca se li aixecava amb el vent i apuntava el cim.

Quan vaig veure la nit del 22 estelada vaig dir-me: et tenim en el puny Txomo Lungma!

A les dues de la nit la Mireia ens comunicava per ràdio que pujava cap amunt.

—Tots bé?

—Molt bé. L'Ang ha tingut una mica de mareig però li ha passat amb més dosi d'oxigen i està molt animat.

—Com va el temps per aquí dalt?

—Encisador. Fa un cel de revetlla de Sant Joan. ¡Hem ensopegat el dia, Alfred!

—Fa fred?

—Corre un virugi...

—Força i amunt!

Vaig pensar en els comentaris d'un expedicionari del 82:

«Els xerpes són gent com nosaltres, l'única diferència és que aguanten millor entre els quatre mil i els sis mil perquè hi estan més habituats. Però a partir dels sis mil pateixen els mateixos problemes.»

Tenia tota la raó. Els xerpes havien muntat els camps 1 al 3 molt ràpidament, estar-s'hi ja era una altra cosa. Naturalment això em preocupava, els seguia cada batec. No els veia, no vaig veure res fins a les set del matí. ¡Eren una mica més amunt del lloc on havien abandonat el Joan i l'August! Havien salvat un desnivell de cinc-cents metres en cinc hores. Anaven molt bé tenint en compte el tou de neu. Ho comunico al camp 1.

—Camp 1, camp 1, aquí camp 3. M'escolteu? Canvi.

—Aquí camp 1, t'escoltem, canvi.

—Són a punt de superar els vuit mil, canvi.

Sento visques, emoció. Algú que destapa el xampany Mestres per celebrar-ho. Anaven realment molt bé. Cal tenir en compte que no empraven oxigen, que havien d'inspirar dues vegades abans de fer cada pas, la lentitud dels moviments en aquelles altures...

Continuaren a bon ritme. Una mica abans de les onze ja havien virat a la dreta vers l'aresta oest, havien superat la primera paret, havien remuntat el pendent de neu i eren en el camp d'emergència per pujar la segona paret. A aquella distància només veia tres puntets que es perdien quan el fons era de roca. Em semblà que s'hi havien aturat.

—Camp 3 a cordada d'atac. Camp 3 a cordada d'atac. Canvi.

—Aquí cordada d'atac. Canvi.

—Com va?

—Perfectament. ¡Som als vuit mil dos-cents, Alfred!

—Sí, noia, sí! Cosa feta, eh?

No me n'adonava i parlava rient de goig. A ella, també se la veia molt emocionada.

—I el vent?

—El vent no hi ha qui el pari. Aquest bramul...

—Tira gaire?

—Per ara no ens arrenca de la roca.

—Això és vostre!

—Sí, sí. Bé tu, canvi i fora que la conferència surt molt cara.

Aquells instants havien estat molt feliços per a mi, dels més feliços de la meva vida. Em va venir al cap l'escalada al Cavall Bernat a ple mes d'agost del 83 amb la Mireia. M'hi trobava tan bé que no tenia gens de fred. A través de la cresta que conduïa al camp 4 em va semblar que el cel s'ennuvolava cap al nord, Tibet endins, passada la glacera nord de Rongbuk.

A quarts d'una havien superat el monyó de roca que els conduïa a les estribacions del darrer tram de l'aresta oest, que anava de dreta a esquerra fins al cim. Devien ser a més de vuit mil quatre-cents metres. Jo que truco al camp 1.

—Camp 1. Camp 1. Aquí camp 3. Canvi.

—Endavant, canvi.

—Victòria! Victòria!

—Ja són a dalt?

—No, però han superat els vuit mil quatre-cents!

Eufòria general al camp 1. Els uns cantaven l'elefant blanc, els altres destapaven el Mestres i els xerpes demanaven Aromes de la Verge del Vinyet i Malvasia de Montserrat... I l'Antoni els deia:

—Sí, home, sí!

Jo pensava: ¡només una dona a l'expedició i encara serà l'única a trepitjar el cim! ¡Amb tant individu deixat anar per aquí! Quin ridícul!

A l'Octavi, se li havia quedat el micro enganxat a la boca i no parava de quequejar.

—Osti, tu! Osti, tu, la Mireia!

Des del camp base en Joan Puig Anglada deia:

—Res, home, res. Cosa feta, ja sabia jo que si li

posàvem corda fixa aquesta mossa s'ho faria passejant...

I l'August li responia:

—Sí, i sense congelar-se-li la nàpia...

Al camp base se sentia un xlaf de xampany damunt la cara d'algú.

En Romà també des del camp base exclamava:

—Gràcies a Déu. Gràcies a Déu.

I l'Òscar.

—Ja ho veureu. Al camp d'emergència, hi té més oxigen que una piscina plena d'aigua.

I en Jordi.

—I la tenda què? L'he pujada jo, la tenda!

L'Ang Tsèring pronunciava una de les poques coses que havia après en català.

—Da puda mala. Da puda mala...

La Mireia comunica. Silenci general. Només l'efervescència de les bombolles de xampany i de les ones de la ràdio.

—Cordada d'atac a camp 1. Canvi.

—Aquí camp 1. Canvi.

—Dedico aquesta cota a tots els qui ens ho heu posat tan bé per arribar aquí dalt. I als de l'expedició del 82, sense l'assessorament dels quals no hi hauríem arribat.

—Com ha anat la progressió, Mireia?

—En aquests darrers dos-cents metres més difícil: els altres dos intents havien aplanat una mica el gruix de neu però ara ja fa estona que avancem per neu verge i la cosa es fa lenta, constantment hem de superar cornises de roca. Bé, canvi i fora que tenim pressa.

Realment la cosa anava més ràpid que no pensàvem. Recuperat de l'emoció vaig veure que la taca del nord, fosca, blau plom, s'apropava. Vaig comunicar amb l'Octavi preocupat.

—Camp 3 a camp 1. Canvi.

—Aquí camp 3.

—Octavi. S'apropa una massa de núvols del nord. ¿La veus des de baix?

—Sí. Aquí pugen núvols baixos des del camp base. En Romà m'ha dit que a baix és cobert.

A l'Everest els núvols baixos freguen el terra a cinc mil metres d'altitud...

—Què et sembla? Canvi.

—Que ens pot aixafar la guitarra. Aconsello compàs d'espera.

—D'acord, canvi i fora.

Havien avançat uns cinquanta metres, eren les dues. ¡Amb tota la disbauxa no m'havia adonat que el temps passava rapidíssimament! La massa espessa de núvols anava avançant. La neu passava d'un blanc enlluernador a un blanc opac, urbà, no em feia gaire gràcia. Semblaven aturats. Hi vaig comunicar:

—Camp 3 a cordada d'atac. Canvi.

—Cordada d'atac. T'escolto.

—Teniu problemes?

—L'Ang ha tingut un defalliment. Molt cansat de treure neu, li hem aplicat oxigen. Recuperació òptima. En Nima obrirà camí a partir d'ara, també amb la bombona. La meva no la usarem. Jo per ara no en necessito.

Li vaig replicar:

—Mireia. No siguis imprudent. Utilitza'l.

—No. El podem necessitar per arribar al camp d'emergència a la baixada.

La Mireia anava amb mentalitat de cim...

—Bé, però una caladeta de tant en tant.

—No, gràcies, em trobo molt bé, obrir via a les parets de roca ha estat fàcil.

Vaig consultar amb l'Octavi. Em va respondre:

—Sap molt bé el que es fa. Pel que em dius van molt ben avinguts.

L'Octavi n'estava molt segur. Em va venir al cap allò del ritme cardíac privilegiat de la Mireia. Realment no hi havia cap errada. Recordava la seva agilitat en roca. Em consolava la força dels dos joves xerpes, vint-i-tres anys en Nima i vint-i-un l'Ang: ells treuen la neu. Vaig pensar; s'ho estan combinant molt bé. L'Octavi la va triar molt intel·ligentment.

Va passar mitja hora. Ara es movien amb lentitud. Encara no havien arribat als vuit mil cinc-cents. Veia com una nuvolada molt respectable de color blau plom entrava per l'aresta tibetana. Comunico amb el camp 1:

—Com va el temps per aquí?

—Coberts de núvols baixos. Al base neva amb intensitat, aquí comença a nevar. I a dalt?

—No sé què dir-te. Entra una capa de núvols que no em fa gens de gràcia. Però encara és clar.

—Ella deu fer més temps que l'ha vista que no pas tu. Comunica immediatament si comença a nevar.

—D'acord. Canvi i fora.

Em preocupava seriosament que no els enxampés una nevada en aquelles altures.

—Aquí camp 3 a cordada d'atac. Em sents, Mireia?

—Sí.

—Veus els núvols?

—Sí.

—Si neva...

Em tallà:

—Ja ho sé. En passo molt. Tenim temps. Canvi i fora.

Era massa a prop. No la convenceríem. Vaig patir molt, els núvols del camp 1 estenien els seus braços gasosos fins al camp 2 i amenaçaven a cobrir-me. Eren quarts de tres. Els devien faltar tres-cents cinquanta metres de desnivell. Aquest pensament em preocupà. Els núvols del Tibet començaven a cobrir la piràmide final del Txomo Lungma a una altura d'uns vuit mil metres, per sota del camp d'emergència, mil metres per damunt del meu cap. Em trobava realment en el cel. Aviat perdria el precari contacte visual que tenia amb la Mireia. Vaig connectar amb l'Octavi.

—Camp 1. Camp 1. Aquí camp 3. ¿Em sents Octavi?

—Digues, Alfred.

—Neva?

—Al camp base diuen que si la cosa continua d'aquesta manera l'accés als sis mil i al camp 1 quedarà tallat. Neva a bots i barrals. Aquí està començant a nevar fort. ¿Com va pels set mil cent?

—M'està cobrint una capa de núvols molt espessa. Començarà a nevar aviat. El que té més gràcia és que la Mireia queda per damunt de la tempesta.

A través de l'auricular vaig sentir el comentari de l'Ang Tsèring, en anglès:

—No hem de patir. Els núvols reverencien la deessa de les neus.

—Octavi.

—Sí?

—He meditat seriosament la possibilitat de fer-los abandonar si la nevada s'estén en aquest camp també.

—Quina altura de neu teniu en aquests moments?

—Més de mig metre.

—Deixa-m'ho consultar amb en Joan que és al base. Canvi i fora.

Realment ens hi jugàvem molt. Abandonar l'atac si el temps empitjorava, amb els camps poc proveïts, podia implicar el fracàs de l'expedició. S'ho volia pensar. Coneixia l'agilitat de la Mireia, la seva resistència a l'altura —ho estava demostrant, era l'única que no duia oxigen— però tenia poca força. Si la nevada pujava més amunt i els dos xerpes s'esgotaven la cosa es complicaria. I, de fet, ja s'estava complicant per a la baixada. El camí començaria a cobrir-se aviat perquè en el meu camp ja nevava. Havia perdut el contacte visual amb la Mireia, els puntets sobre l'aresta havien desaparegut segats pels gasos que s'estenien com fantasmes sense forma. Perillava que els quedés tapat el pas dos-cents metres abans del camp d'emergència i que haguessin de fer bivac. Tots coneixíem els resultats del bivac de l'expedició del 85: congelació de peus. I encara gràcies, el més normal era quedar-s'hi com un glaçó. I després haver de baixar al camp 4 amb el camí també cobert... Al cap de deu minuts em trucava:

—Alfred. Aquí camp 1. Canvi.

—T'escolto.

—Neva?

—Sí.

L'Octavi romangué pensarós uns segons.

—Fes-li-ho saber, a la Mireia. La meva decisió és la següent. Si d'aquí a una hora continua nevant i ho fa amb força cal que baixin, no es poden permetre el luxe de pernoctar dues o tres nits a més de vuit mil metres encallats per la neu.

—Em sembla molt bé. Els ho comunicaré. Canvi i fora.

No vaig dir a l'Octavi que en aquells moments ja nevava a bots i barrals. No em recordava que jo també havia de salvar un desnivell de dos mil cent metres i que feia quatre dies que era en els set mil cent cinquanta. M'havia allargat massa temps allí dalt.

—Alfred a cordada d'atac.

....

No em responia ningú.

—Alfred a cordada d'atac. Em sentiu?

....

Per què no responien?

—Alfred a cordada d'atac. Em sentiu?

—Aquí la Mireia. Canvi.

Hi havia molta interferència. La seva veu se sentia molt malament, remotíssima.

Com li enfocava jo la qüestió?

—Som gairebé als vuit mil sis-cents. ¡És nostre, és nostre!

—Aquí neva molt, Mireia.

—Aquí no neva gens, Alfred. L'únic problema és el vent, talla com un ganivet. Ho congela tot!

És clar, devia baixar la temperatura, a menys de vint graus sota zero...

—Prepara una sopeta. Canvi i fora.

En aquell moment vaig entendre que tot depenia d'ella. Eren tres quarts de quatre. Jo no veia res. Al cap d'una hora l'en podien separar cent cinquanta metres de desnivell. ¿Com pots fer entendre a una persona que ha de baixar si tot li va bé?

Aquella hora va ser molt llarga. Tal com ho preveia, la nevada s'intensificà. Ni li ho vaig consultar, a l'Octavi...

—Alfred a cordada d'atac.

....

Ni una paraula.

—Alfred a cordada d'atac.

....

Un silenci gèlid. Només el soroll d'aire, el remoreig de la ràdio cercant una veu invisible a vuit mil sis-cents metres d'altura.

—Alfred a cordada d'atac.

Era clar. Havia perdut el contacte. ¿Què podia haver passat?

2

¿Quantes vegades vaig intentar de comunicar-hi durant aquelles hores? La neu arribà a cobrir la sortida de la tenda. Allí me la jugava jo i tot. Si glaçava les cordes fixes em podien quedar soterrades.

L'Octavi connectava amb mi cada mitja hora. A les sis.

—Hi has establert contacte?

—Nul.

Començava a amainar la tempesta. Al camp base comentaven:

—Creus que poden ser a dalt?

—No ho sé. És possible.

El xampany s'esbravava esperant en els gots d'excursionista.

—Potser s'han estimbat...

Només de suposar-ho em venien llàgrimes als ulls. Si s'havien estimbat jo no ho havia pogut veure. A quarts de set havia parat. Ningú no responia a l'altra banda de la ràdio. Ara era la piràmide final la que era coberta de núvols que anaven pujant com un teló de teatre.

A les set els núvols ja passaven pel damunt del camp d'emergència, als vuit mil quatre-cents... Una mica més tard ja s'havien remuntat per damunt dels vuit mil sis-cents. Amb els prismàtics escrutava àvidament l'horitzó. Els vaig veure a una altura aproximada de vuit mil sis-cents cinquanta metres, a dos-cents del cim. Baixaven molt a poc a poc, per l'aresta. ¿Havien arribat al cim?

—Cordada d'atac. Aquí camp 3. Em sentiu?

....

Ho vaig intentar unes quantes vegades, ningú no responia. Evidentment els havia passat alguna cosa amb la ràdio. Comunico amb els altres camps.

—Baixen! Baixen!

No els treia la vista del damunt, em preguntaven si hi havien arribat. Jo els deia que no ho sabia, la manca de notícies era poc preocupant tenint en compte que estaven sans i estalvis. Hi podien haver arribat. Podien haver-se quedat encallats per la boira. Vés a saber... No els treia els ulls del damunt. De sobte en veig un que fa un bot. A través de la ràdio dic:

—Cau.

—Què?

—Que n'hi ha un que cau.

Estic astorat. Encara no m'ho crec. Durant hores m'ho havia temut, i ara ho estic veient.

—Qui és?

No responc. Ha quedat parat, uns cent cinquanta metres més avall. No sembla que es mogui. S'està fent de nit. Amb el crepuscle tot es torna més difuminat i perd color. Quan es fa fosc veig els altres dos que hi són molt a prop. Ell continua immòbil. Sento el tornaveu en l'obscuritat. Les plaques de neu es precipiten muntanya avall.

Tothom em fa la mateixa pregunta.

—Qui era?

I jo no els puc respondre.

—És mort?

I no sé què dir. ¿Com volen que ho sàpiga si a aquella distància no he vist cap altra cosa que puntets? Intento d'establir-hi contacte.

—Camp 3 a cordada d'atac. Em sentiu?

....

Cerco una petita flama de veu en la immensitat del cel.

—Camp 3 a cordada d'atac. Canvi.

Una flama que s'apaga en un vent que pot anar a més de cent cinquanta quilòmetres per hora...

És inútil... Estic plorant. M'arrossego fins a la tenda. L'Octavi intenta animar-me...

—Demà pujarem cap aquí, una cordada de sis homes. No et preocupis, els farem baixar, potser el qui s'ha estavellat només està ferit...

Ploro. Estic consternat. Penso que la nit els ha robat la claror a més de dos-cents cinquanta metres de desnivell de la tenda d'emergència. Comptant que hagin arribat al nivell de l'estimbat sans i estalvis allí ha nevat força. Si s'han entretingut amb el ferit no hi arribaran. Arrenco a plorar dient-li-ho a l'Octavi.

—Si encara hauran de fer bivac, home!

L'Octavi es queda mut. No havia previst aquesta possibilitat. Sense ràdio per mantenir-los desperts la congelació és segura. A les deu la temperatura és de trenta sota zero. Intento pensar que els deu quedar una bombona d'oxigen. Ploro de ràbia i d'impotència.

3

Aquella nit no vaig dormir gaire. I això que em sentia molt cansat. A mitja nit sento un sotragueig en la tenda, com un terratrèmol. La tela vibra. Per un moment penso: se t'està tirant una allau al damunt. Després, el silenci, sóc viu. Miro la uniforme i sòrdida tela isotèrmica del sostre.

L'endemà es fa clar una mica abans de les set. L'Octavi comunica.

—Alfred. Aquí camp 1. Canvi.

—Camp 3. T'escolto.

—N'ha passat una de grossa, Alfred. Una allau a l'espatlla oest s'ha endut el camp 2 i una bona part de les cordes fixes. Estàs aïllat. Surto amb una cordada per obrir camí. Informa'm quan sàpigues alguna cosa dels qui són més amunt.

L'Octavi ja no gosa ni precisar-ne el nombre. No m'ha explicat que entre el camp 1 i el camp base, al coll del Lhola, hi ha més d'un metre de neu i que ells també estan aïllats. Hi ha boira a la piràmide. M'adono que la situació és greu. Potser hi deixaré la pell jo i tot. No m'importa. No penso anar-me'n i deixar-los penjats. Em fan mal els dits del peu. Em temo que tinc principis de congelació. Massa dies aquí dalt immòbil, penso. No diré res a l'Antoni, l'Octavi es preocuparia més i ja té prou preocupacions. Em poso una injecció de vasodilatadors. La piràmide comença a desemboirar-se. Cal aprofitar-ho. Aquest dia té tota la pinta de tornar a ser nivós. Mentrestant m'ordeno les idees. Si aquells baixen i no s'han congelat tenim oxigen i queviures per a una nit. Si m'hi quedo jo sol, per a tres. Ho tenim malament perquè els del camp 1 poden trigar tres dies a enllaçar les cordes fixes fins aquí, comptant que faci bon temps. Realment ens hi va la vida. M'adono que els supervivents dependran de mi, si n'hi ha. Caldrà obrir via fins al camp 4, no podré ocupar-me d'enllaçar amb el camp 1 i, després, banys calents. Endreço la motxilla per sortir mentre espero que pugi la boira. Penso, que pugi, que pugi.

Enfoco els prismàtics a l'altura del camp d'emergència. No hi ha ningú. No s'hi veuen senyals de vida, deuen haver bivaquejat. Em dic a mi mateix: Alfred, deuen ser morts... Espero.

La boira va pujant fins als vuit mil quatre-cents. Sembla que uns puntets es mouen. Ells! Són una mica més a la dreta de la via de baixada, vers la cara sud-oest. Què deuen fer per allí? Les llàgrimes em salten dels ulls. Comunico amb el base.

—Es mouen! Es mouen!

—Quants?

—Dos. Molt a poc a poc. Són vius, Romà. ¡Són vius!

És increïble. ¡I ho és més encara que tinguin voluntat

per caminar amb congelacions segures! Veig que en Romà no diu res. Em preocupa. Ara ho entenc, li acabo de confirmar que l'estimbat d'ahir és mort. Dirigeixo els prismàtics cap al lloc. Efectivament, el puntet és una mica cobert de neu, no s'ha mogut. M'arriba un:

—Molt bé —d'en Romà, amb retard—. Qui són?

—No ho sé. No els puc identificar bé a aquella altura.

M'adono que em preocupa molt més la vida de la Mireia que la de l'Ang o en Nima. Per mi és molt important que un d'aquells dos puntets sigui la Mireia. Deploro aquest sentiment però no puc evitar-lo. Subjectivament, per mi la vida de la Mireia pesa més. Potser perquè la conec més, perquè és part de la meva mateixa. Als xerpes del camp 1, els deu passar el mateix. No dubtaré, però, a arriscar la meva vida per la de qualsevol d'ells en el cas que la caiguda sigui la Mireia. Passen uns segons, en Romà no em diu res. És clar, penso, ¡si tu ets l'únic que els pot ajudar! ¡La iniciativa ha de ser teva, estaquirot! ¡Comença a obrir via i neteja la neu cap al camp 4, beneit! Deuen ser a uns vuit mil quatre-cents. El cadàver de l'estimbat és més amunt, abandonat, ¡quin remei! Tenen molt poques possibilitats. No me n'he adonat i fa estona que torna a nevar. Ep! penso, mira per on van que potser no els tornaràs a veure durant tot el dia. Si arribessin al camp d'emergència...

Ara no els trobo... Per on deuen parar? De sobte veig els dos cossos saltant de la roca, ¡però si els mancaven dos-cents metres! Continuen caient. No dic res al base. M'he quedat mut. Cauen encara, vers la vall del Silenci, com un parell de titelles, les motxilles van pel seu cantó..., un piolet..., un d'ells fa un cop amb una cornisa esmolada.

Giro el cap. M'ha semblat que es partia pel mig. Si no paren es precipitaran per la vall del Silenci dos mil metres avall. Però paren, estavellats. En una planura de neu entre roquissars; quatre-cents metres més avall! A uns tres-cents cinquanta metres a la dreta de les vies que havien obert. Me'ls miro esblaimat. Rescatar-los pot ser dos dies jugant-s'hi la pell. Cada cop neva més. Entro a la tenda. M'adono que no estic plorant. Comunico amb el base.

—Romà.

—T'escolto.

—Són morts.

—Què?

—Que són morts. Han caigut més de quatre-cents metres de desnivell. Em sembla que un s'ha partit contra una cornisa i tot.

En Romà s'ha quedat mut. Al cap d'una estona.

—N'estàs segur?

—Sí.

Un silenci absolut.

—Ho comunicaré a la cordada del camp 1.

Jo penso que és hora de comunicar-li el meu estat, a l'Antoni.

—Romà.

—Sí?

—Digues a l'Antoni que vull parlar amb ell.

—Ho faré.

Em quedo absort uns minuts a dins la tenda. L'Antoni comunica amb mi.

—Calma, eh? Explica'm què et passa. Tu no pateixis que no et quedaràs aquí dalt.

L'afirmació de l'Antoni em recorda que estic aïllat. Me'n vaig fent el càrrec. Aquí dalt, a set mil metres, amb una allau pel mig i més d'un metre de neu sóc molt lluny d'allà baix...

—Em fan mal els dits dels peus. M'he injectat vasodilatadors però el dolor no cedeix, augmenta.

—És suportable?

—Sí.

M'adono que estic plorant. El qui es pensava que ja no li importava la vida resulta que té por de quedar-se com un Frigolín. L'Antoni intenta tranquil·litzar-me.

—Molt bé. Molt bé. El doloret és un bon senyal. Vol dir que hi ha fibra sensible que reacciona al medicament i que no tens tanta part congelada com et penses.

L'Antoni acaba de dir-me amb molt bones paraules que tinc principis de congelació. Ja m'ho imaginava, però sentir-ho dit per un metge m'impressiona més.

—Pots caminar?

—Sí. Però em fa mal.

Pausa. Sento l'Antoni i l'Octavi que fan comentaris.

—Escolta, Alfred. Cal que baixis immediatament. Si ens esperes dos dies més aquí dalt et quedaràs immobilitzat. Si t'hem de baixar amb llitera s'allargarà molt el descens i, amb tanta neu, pot ser encara més arriscat perquè com més temps romanguem aquí dalt més risc tenim de patir una allau. Anem contra rellotge: el coll del Lhola és tallat i, si passem tants dies aquí dalt, ens podem quedar sense proveïment.

El que m'està demanant és molt perillós, perquè no hi ha cordes fixes i perquè la neu pot esgotar-me i em pot caure la nit al damunt.

—No penso fer-ho sense veure com estan els estimbats.

—Això és una bogeria. Trigaries dos dies a arribar-hi i quatre a baixar-ne. T'hi quedaries, tal com estàs...

—Deixeu-me'ls veure amb els prismàtics.

Surto de la tenda. Neva molt. Hi ha boira. No es veu res.

—Em quedaré fins que aclareixi.

—Un dia més et pot ser mortal!

—M'és igual.

No me n'és gens d'igual. Tinc molta por. Però no puc deixar-los allí dalt sense assegurar-me que els qui han caigut no viuen. Encara que sigui a risc de perdre la meva vida.

—Bé. Mentrestant anirem obrint via. Fes-te banys d'aigua a quaranta graus. Continuarem obrint via. Si baixes digue'ns-ho perquè no tornarem al camp 1. Pujarem fins a trobar-te. Canvi i fora.

Ells també estan disposats a bivaquejar per rescatar-me. Per a l'Antoni té molta importància que no em quedi aquí dalt. Si se la juguen tant és perquè realment em puc quedar enterc en poc temps. ¿Per què m'he quedat aquí dalt tants dies? No hauria d'admetre que es juguessin la vida per mi, però el fet que ho facin em reconforta molt. No em trobo tan sol. M'adono que dec estar molt cansat. Haig de dominar el meu estat d'ànim, el tinc com una nena petita que ha perdut els seus pares en una fira, estic desfet. M'assereno. Crec que ells han pensat amb equanimitat. Sóc a dos dies dels cadàvers i ells a quatre sense camp intermig. Una operació de rescat en aquelles altures és massa perillosa per a tots nosaltres. Les allaus, la manca de vies obertes fins als cadàvers i la neu ens han allargat terriblement les distàncies. El monsó ens ha ensorrat.

Era una situació tan absurda! A vegades el temps juga al teu favor. A les dotze s'obrien unes clarianes momentànies, avall, on havien caigut... Vaig clavar-hi els prismàtics. A través dels forats intermitents que obria la boira vaig veure la vermellor d'un dels puntets, el que s'havia partit, era tan roig de sang que segur que era mort, l'altre jeia al costat, era nevat, immòbil, eren morts... Vaig donar la notícia al camp 1.

—Baixo ara mateix.

—Ben fet. No paris, passet a passet, a poc a poc i bona lletra. No et deixarem aquí dalt. T'ho prometo.

Tenia la motxilla preparada. La vaig agafar. No vaig ni tancar la tenda. Havia de desenterrar les cordes fixes a més d'un metre de profunditat. Aquella muralla de neu m'aclaparà. Plorava, plorava molt intensament. Volia viure. De sobte em van venir unes ganes de viure immenses. Crec que m'havia sobreposat. Anava carregat de vasodilatadors. Aquesta nit bivac, vaig pensar...

4

Aquell dia 24 d'agost fou la prova de resistència alpina més gran de la meva existència. Havia de salvar un desnivell que anava dels set mil cent metres i escaig del camp 3 als sis mil del camp 1. Al principi vaig tenir sort. L'allau no havia afectat les cordes durant els primers trams. A les sis de la tarda havia salvat un desnivell de tres-cents cinquanta metres. Allí les cordes fixes havien saltat. El dia era tapat però no nevava, realment havia de baixar aquell dia perquè la neu per de sota del metre ja havia començat a glaçar i s'havia enganxat a les cordes de tal manera que fins i tot el júmar relliscava. Més avall dels sis mil vuit-cents la neu em cobria. No tenia on agafar-me. Enretirar-la era esgotador. A les deu encara no havia cobert ni cinquanta metres i no m'aguantava dret pel cansament. Em feien mal totes les extremitats. La temperatura començava de baixar, sentia l'Octavi:

—Mou-te. Encara que no guanyis terreny, mou-te!

—Jo em quedo aquí a fer bivac. Ja ens veurem demà.

L'Antoni li remorejava coses que no entenia.

—Res de bivac. Som molt a prop teu. ¡Però cal que hi col·laboris!

Anava tan borratxo que no veia que si bivaquejava m'adormiria, i adormir-se en el meu estat físic era la congelació. Quantes nits portava sense dormir?

—Tinc molta son, Octavi.

S'hi posa l'Antoni.

—El que tens és fred, cap de ruc! I per això t'adorms. Canta! Canta cançons!

—Per un tros del teu cos / què donaria jo / què em deixaria prendre... He he he...

Realment la situació era greu. En aquells moments havia deixat de tenir fred i el cap se me n'anava. No tinc present si realment treia la neu o no. Però allò de cantar em va animar; de primer vaig pensar que ho feia perquè em localitzessin, però no era exactament per això que cantava. A poc a poc, el cansament, la son i el fred m'havien vençut. No tenia tacte i ni me n'adonava. Cantava esgarrapant-me la gola com si aquella força gutural cap enfora se'm girés cap endintre i m'enfundés el cor massa lleuger en el cos, com quan enfundava el sac en la motxilla ensorrant-lo ben avall, fins a tocar fons.

No recordo gaire bé aquells minuts, l'ànima em devia haver abandonat, vaig tenir sort que abans d'anar-se'n em deixés connectat el pilot automàtic. Em sembla que vaig fer un popurri de totes les cançons lluisllaqueres que vaig aprendre quan era llobató i anàvem al Matagalls... Em van trobar a les onze en un clot de neu cantant com un energumen. Se'm sentia des de dos-cents metres més avall. Portaven els cascs amb llum. Va ser per les llumetes que el meu cap lliscà des de la tenebra per contemplar-los en un núvol. Eren sis, l'Antoni, l'Octavi, el sírdar Tsèring, en Pemba, en Purbu i en Daua.

—Escolta, Alfred.

—Sí, sí.

—Ara hem de cobrir tres-cents metres de desnivell sense corda fixa. Tenim marcat el camí.

—No bivaquegem?

—No. Després ja hi ha corda fixa i amb un moment cap a casa, eh?

—No. No. Jo em quedo aquí.

Em van donar te fred de la cantimpla i cap avall. Ja parlàvem del camp 1 com si fos casa nostra... Vaig caure tres vegades abans d'arribar a les cordes. Hi érem a les tres de la matinada, devíem anar amb peus de plom... Sort que els trams d'escalada en roca estaven equipats. El júmar, però, hi relliscava. A les quatre de la matinada en Pemba i en Purbu tenien símptomes de congelació a les mans: eren els qui havien tret neu durant tot el dia. Sentia en Romà que deia des del base:

—Déu meu senyor! ¡Déu meu senyor, i encara sort que no neva!

No nevava, com si el monsó ens donés una treva. Però el cel continuava tapat. Vam arribar al camp 1 que clarejava, retuts. L'Antoni ens va aplicar les injeccions i els banys, somnàmbul. Al base respiraren. Tots a dormir. M'hi vaig trobar realment com a casa. Feia temps que no dormia amb tantes ganes. Vaig despertar-me l'endemà dia 26. Durant el 25 els xerpes havien acabat d'obrir la via del campament base fins al camp 1 amb l'Eliseu, l'Enric i l'August. Havia nevat durant tot el dia, fluixet i constant, però sense vent. Els peus em feien molt mal. No em trobava les puntes dels dits i les mans des de feia un munt de temps. Tots estàvem rebentats, pràcticament ens van haver d'evacuar.

Vam arribar al camp base al migdia, derrotats. La congelació a les puntes dels dits em feia mal com si m'hi clavessin agulles de ganxet. Per sort, les puntes dels dits de les mans només patien hipoestèsia. El camp base em semblà un hotel de cinc estrelles. Hi havia els meus llibres, els records personals, i això que era totalment canviat de quan vam arribar-hi. Per anar d'una tenda a l'altra calia passar per una trinxera de neu...

Encara vaig tenir forces per fregar-me els ulls quan vaig veure el Gran Lama de Thiangbotxé amb un seguici de vint monjos que em mirava hieràticament. S'havien assabentat de la notícia i havien pujat a veure'ns. Jo no em trobava precisament en condicions de desfer-me en detalls. Li ho explicà en Tsèring.

El sírdar ens notificà que el Gran Lama volia quedar-se un parell de dies allí per orar per la deessa. Tots pensàvem que allò era una bogeria. L'Antoni tenia pressa per conduir els quatre casos de congelació a l'hospital de Kathmandú. L'oficial nepalès s'oferí com a mitjancer, la meitat dels xerpes tornarien amb nosaltres aquell dia mateix i l'altra meitat desmuntaria el campament a l'endemà dirigits per en Tsèring i ens enviaria les coses a Barcelona. Teníem tota la confiança en el nostre sírdar. Estàvem tan cansats! Ningú no retragué la profecia errada al Lama. Una kata blanca li allargassava aristocràticament la figura.

Marxàrem. Tothom arribà a Barcelona sa i estalvi. La rebuda fou calorosa, tornar a veure la família. Em semblava impossible. Era com si arribéssim de la guerra. Alguns amb dotze quilos de menys. Plors... abraçades... No tornàvem tots els qui havíem marxat. M'anguniejava pensar que la Mireia tenia una tomba massa freda, havia esdevingut una norpa penitent per a l'eternitat, sota l'esgarrifança del fred, i no havíem pogut fer res per canviar el seu destí... La gent ens preguntava si hi havien arribat. És curiós, ningú no se n'havia preocupat, ni ens ho havíem interrogat durant el viatge de tornada... Encongíem les espatlles amb un silenci eloqüent. Era la segona vegada que l'aresta oest se'ns enduia vides i els supervivents del 82 hi eren tots perquè sabien molt bé el que això significava.

Vaig tenir sort. Només em van tallar un parell de falangetes al peu. Els altres casos van restablir-se totalment. Encara hi penso, en la Mireia. Aquell cabell caoba, la kata blanca com dues franges d'una bandera de significat enigmàtic, inescrutable, que s'endugué amb la mort. Me l'estimava massa, havíem madurat plegats, arrapats a les roques, cadells de lleó enjogassats...

ALFRED MUNTANYÀ

TERCERA PART

EL DIARI PERDUT

REUNIÓ URGENT AL CENTRE EXCURSIONISTA DE CATALUNYA

La Sala de Juntes del Centre Excursionista s'ha quedat silenciosa. El president deixa la darrera carta sobre la taula, es treu les ulleres i ens demana.

—Bé. ¿Accepteu que les cartes suara llegides foren trameses per vosaltres a en Josep López?

Tothom hi assenteix.

La referència al vent del cim d'en Flip. El crit del vent que va sentir en Roger als penitents. La neu de la tenda escampada quan pujàvem cap al camp 4. Les incògnites es lliguen en el meu cap. En Romà em mira: ¿estàs pensant el mateix que jo? ¡Les altures del Sagarmatha ens fan delirar una altra vegada!

—D'acord, doncs, fem una pausa. Procedirem a la lectura de les reflexions de la Mireia d'aquí cinc minuts.

Li porten una nota, la llegeix:

—En Josep López ha trucat des de l'aeroport del Prat. Diu que ve cap aquí amb noves importants. Em demana que comencem la lectura del diari pel dia 15 d'agost, un dia abans del segon ascens de la Mireia al camp 1. Ens fa saber que cal que el llegim si volem entendre el que ha d'explicar-nos. Ho farem tot seguit, després del descans.

S'aixequen. En Jordi.

—Com va, nano?

—Bé. I la ferida de la cama?

—No res, uns quants senyals de punts i prou...

—Quant de temps sense veure'ns!

—Des que va acabar l'expedició...

—Com va la nova feina al refugi?

El seu esguard alegre canvia, es torna més agre...

—Un escarràs. ¡Hi deixo l'espinada per quatre duros, noi! No em queden gaires ganes d'anar a escalar, no.

—I doncs? Però la vida natural...

—La vida natural com la d'abans és una vida d'esforç, mancada de comoditats, aspra. Pensa que no tenim ni rentadora ni rentaplats...

—No és el que sembla?

—No. No és el mateix collir tomàquets a l'hort a l'estiu que haver de viure'n tot l'any traient-ne un rendiment tant si glaça com si hi ha sequera.

—Em sap greu!

Ara canvia de to.

—No te'n sàpiga! Si a mi no me'n sap... Penco molt, sí, però també tinc temps per avorrir-me, els dies feiners, quan no hi puja ningú. ¡Feia tants anys que no tenia temps d'avorrir-me! I em sembla magnífic.

—Magnífic? Per què?

—No t'ho sabria dir. L'avorriment em porta a adonar-me que hi sóc, que sóc quelcom que no es defineix per la feina ni pels calés: és com retrobar-te de cop amb un individu molt familiar que feia un munt de coses perquè tenia temps lliure: les coses que realment li agradaven i que realment el definien. També hi ha pesat el fet de no tenir televisió. De sobte, havent sopat, tinc més hores que mai per fer magarrufes i magarrafes a la Roser. El treball físic és esgotador, però he guanyat un nombre esplèndid d'hores d'avorriment. ¿Saps allò del Descartes de penso per tant existeixo?

—Sí.

—Doncs en el meu cas és un bado, per tant existeixo. Badant em reconec. Vaig començar a badar molt al Nepal. Això, els hindús i els budistes ho veuen molt clar i jo no ho veia clar des que tenia dotze anys. I a més a més estic superaclimatat als dos mil...

Em fa dentetes, la cara de pagès gras de sempre... No m'enganya.

—Ah! I a més a més sense la tele... ¿oi que m'entens, nano? Collonut, tu, collonut!

Ha pujat les celles i m'ha picat l'ullet fent el gest amb la mà.

Ara entra el president.

—Si us sembla bé procedim a la lectura del diari...

LA MÀ DE GEL

Camp base, 15 d'agost de 1986

Avui havia de ser un dia de relax. Com que en Roger tenia mal de muntanya, l'hem acompanyat camp base avall, a fer una excursió pels penitents. En aquests paratges m'estan passant coses que no m'havien passat mai.

Hem hagut de deixar en Roger a mig camí perquè el mal de cap no cedia i ens hem internat en un pendent de penitents. A en Nima, li han vingut ganes de pujarne un. Quina empenta! Jo estava mig desllorigada per l'esforç de muntar els tres primers camps; ell havia fet més feina que jo i encara tenia ànims per jugar. Uns ànims que s'encomanen. Anàvem corrent entre els penitents com una parella de criatures jugant a tocar i parar.

En Nima té uns ulls grossos, d'un negre brillant, i uns llavis més llargs que un tall de síndria, i sempre em somriu d'una manera... És l'únic que no s'ha quedat acoquinat per l'episodi del monestir de Thiangbotxé. És estrany que això no el cohibeixi. He jugat com no ho feia des de la bàsica. Aquests xerpes conserven el més bo de la ingenuïtat infantil que jo i els meus companys hem perdut. No te n'adones i ja has entrat en el seu joc transparent com l'aigua de torrent...

Ha trigat a escalar-lo. Anava cantant. Ha començat a girar-se vent. Sense ell, els penitents semblaven un exèrcit de cíclops morts a punt de caure't al damunt. Estava sola. M'ha semblat que algú feinejava darrere d'un penitent. S'hi sentia una remor com de passes. Hi he anat.

—En Roger —he pensat.

Quan hi he arribat no hi he vist ningú. Però el terra era cavat. Se n'havien tret trossos de gel. Llavors he sentit el mateix soroll al penitent que escalava en Nima. Tornem-hi. L'he resseguit fins a l'altre cantó. Era en Nima que feia caure trossos de gel quan clavava el piolet. Li he dit que baixés. Però no m'ha sentit, feia vent... devia ser pràcticament a dalt.

Al cap de dos minuts, vers el penitent primer, he tornat a sentir el mateix soroll. Algú volia espantar-me. No m'he fet enrere. Hi he anat. Més gel escarbotat, i ningú. He tornat cap al penitent d'en Nima i m'hi he recolzat. Al cap d'uns instants m'ha semblat que algú palpava la kata que m'havia passat pel coll darrere l'esquena, en direcció als cabells. Me'ls ha tocat. M'ha vingut un calfred. Aquella mà era glacial! M'he tombat tan ràpidament com he pogut, però ha intuït el meu moviment i ha fugit per l'altre costat sense que el pogués veure. Al cap de mig minut he tornat a sentir passes. Ara venien del pendent, he agafat el piolet i me l'he amagat a l'esquena. Era en Roger que pujava excitat, m'ha fet un ensurt.

Ha estat ell l'autor de la broma? La seva cara tenia

una expressió estranya. Durant la tornada no li he dit res. Tinc ganes de ser al camp 1 una altra vegada. M'agradaria tant anar en una cordada d'atac! Les indisposicions d'en Romà i en Roger poden col·locar-m'hi. No m'agraden gens aquesta mena de fets estranys.

COM EL BATEC D'UN GLOBUS VORA EL KHUMBUTSÉ

Camp 1, 16 d'agost de 1986

Ja sóc al camp 1 un altre cop. Quina alegria! M'ha cansat la pujadeta pel coll de Lhola. No m'ho pensava. Dos dies i nova... En Nima m'ha ajudat. Es feia tard i el sol es ponia rere nostre en un bany de taronges i vermells sobre el Khumbutsé, de 6.040 metres. Era un espectacle quasi sanguinari. Sóc a l'Himàlaia. La mà d'en Nima és petita, però gruixuda, i el canell i l'inici del seu braç són molt robustos, rodons. No ha deixat anar la meva durant tota la segona part del trajecte. Ens miràvem tota l'estona. No recordo gaires moments que m'hagi trobat tan bé. La mà d'en Nima era el batec gegantí d'un globus que em tibava cap al cel...

S'està girant mal temps. Això és preocupant. Fins ara ha estat formidable. Temo que no se'ns hagi anticipat el Break Monsó els dies anteriors i que ara ens toquin els trams més complicats amb nevades; si és així, l'ascensió serà molt difícil.

Aquesta nit en Nima m'ha dit que ell i l'Ang estarien disposats a atacar el cim amb mi. M'han sortit candidats sense buscar-los. Quan me l'ha portat, l'Ang s'ha dedicat a fer-me reverències i a agrair-me molt que l'acceptés. «La seva acceptació m'honora», m'ha dit, amb franquesa i un somriure de pagès bonhomiós. Aquesta gent és admirable, et fan recuperar una sensació que fa temps que has perdut a l'altra banda del món: sentir-te digne d'alguna cosa. La dignitat vers un mateix és un valor en aquest país, te l'encomanen. No me n'he adonat i li estava tornant les reverències. S'ha quedat sorprès que ho fes. Li he vist en els ulls que el fet que les hi tornés l'afalagava molt profundament i seriosa. Em sembla que no totes les expedicions entren en aquesta mena de ritus... Veure que amb un gest tan senzill omplo algú de satisfacció és una cosa que em deixa parada, agradablement...

Després he sentit com, a dins dels sacs, abans d'endormiscar-se, parlaven de la mort d'una vella que embogí a causa de la mort del seu fill en una expedició i es féu pem (bruixa). Per la descripció que en feien, m'ha semblat que podia ser la que vam veure a la cruïlla sortint de Namtxe Basar. L'han trobat estavellada en una roca a la torrentera Imja Kola que l'havia arrossegada. Per la manera de suïcidar-se, especulaven, deien, que segurament havia volgut segellar un conjur. Portava un mirallet trencat amb tres cranis. A través dels forats dels ulls l'aigua s'esmunyia a borbolls. El Lama ha prohibit de rescatar-la, ningú no hi pot anar. Ara és a mercè dels corbs i les aus de rapinya.

Haig d'enraonar amb l'Octavi. ¿Com el podria convèncer?

ACARONAR UNA CORONA D'ESTELS

Camp 1, 17 d'agost de 1986

Dia cafre. Ha estat nevant xiu-xiu. Més enllà de la tenda menjadora no se'n veien tres a cavall d'un ruc.

L'Octavi m'ha explicat coses de la segona cordada d'atac, que és al camp 2. Caldrà reproveir els camps d'altura aviat si el temps continua tan tossut. Ell meditaba la possibilitat de fer-los baixar. S'ha passat el dia capficat:

—Tots hi hem hagut de sacrificar moltes coses en aquesta expedició. Al Jordi, gairebé l'han tret de la feina. I ara aquest temps...

—L'han despatxat de la feina?

—Va demanar els dos mesos i mig de permís. Li van dir que no, que a la fàbrica hi havia massa feina per prescindir d'ell. El director va ser taxatiu. En Jordi va dir se'ls agafaria tant si els hi donaven com si no els hi donaven. Les coses no li han quedat gaire ben parades. Estava molt empipat:

«Dotze anys sense demanar-ne ni un —deia—. I ara...»

—Però de què pensa viure quan torni?

—La dona treballa. Però el sou no els arribarà per mantenir-los a ells i les dues criatures. El més bo del cas és que, passada la primera enrabiada, ell està contentíssim. Diu que amb dotze anys de feina l'únic que ha aconseguit és pagar les lletres del pis i la torreta i criar unes hemorroides de mamut. Va entrar a treballar quan va acabar enginyeria industrial. L'stress l'ha consumit.

—I com s'ho ha agafat la dona?

—Primer malament. Deia que s'havia tornat boig. Després s'ho ha anat prenent millor. Se li ha encomanat una mica. En Jordi diu que és possible que els del CEC li ofereixin de guardar un refugi quan torni. Si ho fan hi marxarà amb tota la família: «Val més menjar pa amb vi i sucre i estar tranquil», diu, i em sembla que a la Roser se li ha encomanat la iniciativa. A mi, a Barcelona, gairebé em va convèncer:

»—Escolta, Octavi: tu quan et facis vell i tinguis néts, què els vols explicar? ¿Que durant la teva vida has dirigit l'embalatge, fabricació i venda d'uns quants milions de capses de galetes o que has gratat els estels al sostre del món?

»—Però, Jordi, si jo no sé ni si vull tenir fills...

»—Bé, home. Tu ja m'entens...

»—Home, jo crec que un nivellet de vida és una cosa interessant...

»—Però si les dues coses són excloents, eh? ¿Canviaries el nivellet per l'Everest?»

Li vaig dir que sí...

L'Octavi s'ha quedat pensarós. Aquell parell deixarien la feina. ¡Jo que tinc una promesa verbal de contracte eventual per tres dies a la setmana i vaig marxar amb por de perdre'l! Encara tremolo... ¿Hauria vingut jo si m'hagués perillat la feina que no tinc? Jo no he sacrificat res per venir-hi. No tinc pràcticament res a perdre-hi com ells, sinó a guanyar-hi. Em sembla que en Jordi té una capacitat lírica i bucòlica que jo ni intueixo. Per què? Potser no la tenia quan vaig arribar i ara la tinc. El fet és que aquí m'he oblidat absolutament dels meus problemes laborals, no em preocupen gens ni mica; m'hi trobo molt bé malgrat tot. No sabria explicar per quina causa. Potser a Occident volem viure i no sobreviure i cercant el primer fem el segon perquè venem i malgastem el millor de nosaltres mateixos pels diners. Al Nepal la gent viu sobrevivint i no se'n fan escarafalls, al contrari, semblen feliços.

Podria quedar-me en aquest país i fer màgia ambulant... Què dic ara? Què ets, Mireia? ¿Una romàntica o una beneita? Si a les cotes baixes plou cada dia! I tot i així la idea em sedueix, perquè el Nepal ensenya la felicitat en l'únic terreny en què ens toca d'obtenir-la: la subsistència. A vegades penso si no odio la ciutat on he nascut per tot l'odi que m'ha inculcat el tipus de vida que hi impera. Aquest vespre parlaré amb l'Octavi. Si sortís bé...

ELS HAS TOCAT?

Camp 2, 18 d'agost de 1986

Doncs ha sortit bé! Ja sóc al camp 2. La pujada ha anat bé, difícil per la quantitat de neu, ens hi hem passat tot el dia, però sense incidents. L'Ang i en Nima són un parell de pura-sangs: treuen neu com una excavadora. Quan es pon el sol la temperatura baixa molt. Així que no tornaré a escriure fins que torni a cotes més baixes.

Aquest matí l'Octavi ha tret la petita senyera de la tenda amb una solemnitat senzilla, sense protocol. L'ha portada amb cura, sense himnes:

—Té, és teva. A la tercera va la vençuda, diuen...

I se li ha dibuixat un somriure ample a la cara. M'ha mirat amb els ulls vius, il·lusionat. Sabia el que això significava per mi, l'enorgullia que jo la dugués fins allà dalt. Al cap d'un moment m'ha abraçat i m'ha fet un petó a la galta, emocionat. M'ha sacsejat els cabells afectuosament, filialment.

—Amunt i força!

M'ha deixat cohibida. El fet de lliurar-me la senyera l'ha emocionat intensament. M'ha sabut greu perquè jo no sentia la mateixa emoció en aquell acte. ¡I el més bo del cas és que jo em moria de ganes per emocionar-me com ell! M'han vingut al cap un munt de records; tots els cimals del Pirineu que havia fet; els companys amb qui hi havia anat, les acampades, les estades a refugis i masies; l'esforç que vaig fer per aprendre a parlar correctament el català. Quan vaig entrar al CEC vaig trobar per primera vegada un lloc on el català era la llengua de la gent, era la llengua dels qui escalaven amb mi, de l'Octavi, de l'Alfred amb qui pràcticament vaig fer els primer cursets, i a mi em faltava molta pràctica, l'escrivia més que no el parlava. A EGB gairebé no en vaig fer, pràcticament vaig començar a primer de BUP. ¿Però era per aquest motiu únicament que jo l'havia après? No sé respondre aquesta pregunta, tot i que em sembla que no va ser solament per pura necessitat que vaig acabar de llançar-m'hi, hi havia alguna altra cosa.

Potser sóc una nòmada, una apàtrida. ¿Per què aquesta febre d'anar a la muntanya? Potser hi trobava el contrast del silenci amb les discussions familiars i el brogit urbà; el blau, el verd i el blanc en comptes del gris; la impressió d'arribar a algun lloc després de l'esforç en comptes de la quietud angoixant de les cues de l'atur. O potser la impressió de demostrar-te que ets alguna cosa més que algú, la capacitat d'arribar on es poden veure les grandioses escultures d'un museu que molt pocs contemplen. Aquelles ganes de pujar com si fugís de quelcom que no sé i que m'anguniejа m'empenyien amb força. I si és per tot això que vull pujar al cim, ¿què hi faig jo amb la senyera? D'on sóc jo en realitat? No sóc d'on vénen els meus pares, ¿però realment sóc del lloc on he nascut? L'emoció de l'Octavi em sembla comprensible, ell pertany a una família d'aquelles de tota la vida. Jo podria solucionar-me el problema amb allò de catalana i espanyola que deien alguns companys de l'institut, però m'enganyaria: ni els espanyols parlen català ni la llengua dels catalans és l'espanyol, mal símptoma si ho fos, ara per ara, la gent d'aquest país es delata per la llengua i no pel color de la pell. Ni la meva mare parla el català ni l'Octavi té com a llengua materna el castellà. I jo, sóc al mig quan tota la balança s'ha de decantar cap a algun cantó.

Recordo la lletra d'aquella cançó d'en Pi de la Serra que deia que la nacionalitat no l'estableix el DNI. Realment el fet de sentir-se part d'un país ha de ser un fet íntim més que no pas administratiu. Som d'un país per la transcendència interna que donem a aquest fet. A partir d'aquí ja ve la resta. Si és així, d'apàtrides n'hi ha d'haver molts. No tothom està disposat a dur la senyera del seu país a vuit mil vuit-cents quaranta-vuit metres, amb dubtes inclosos, i si no que em vinguin al darrere...

El sírdar Tsèring m'ha donat la bandera del Nepal. Tinc una simpatia enorme per aquesta gent. Ens hem abraçat i després ha abraçat els dos xerpes. Estimo els colors del Nepal reflectits en la senyera perquè m'ha captivat la gent que hi he conegut. ¡Potser em tornaré nepalesa, jo! Les plego juntes. L'una fosa amb l'altra adquireixen més sentit. Una il·lusió elèctrica em recorre tot el cos. Demà pujaré amunt, cap al camp 3, amb ganes. Aquesta vegada la pujada no serà una fugida, serà una brevíssima carícia als astres per tornar a baixar; com quan el meu germà m'agafava a coll-i-be perquè els toqués a les nits estelades d'estiu, quan érem molt petits, i jo enlairava tant com podia la mà, puerilment i feliç, per tornar a baixar de sobte perquè ell ja no resistia més el pes. Aleshores em demanava, suat, entre bleixos:

—Què, els has tocat?

L'INFERN BLANC

Descens, camp d'emergència, 25 d'agost de 1986

Escric aquestes ratlles durant la tarda del 25, estic pràcticament acabada. M'he estat divuit hores en aquesta tenda d'emergència a vuit mil tres-cents metres d'altura, gairebé coberta de neu i a no sé quants graus sota zero perquè no m'aguantava dreta i perquè esperava que pugessin a ajudar-me. Per què es retarden tant? ¿Potser la neu? Si no arriben avui, aquesta matinada aniré cap avall i que passi el que Déu vulgui...

He pres força te i m'he oxigenat. Però em noto molt defallida; fa dos dies que no menjo, tinc nàusees des d'ahir, la faringitis no em deixa ni parlar, m'ha tornat a atacar i, el més greu, és que fa moltes hores que no em trobo un peu i l'arrossego. Crec que és el moment d'explicar l'assalt del dia 23 per si no arribo viva a baix, cosa que, si no m'ajuden, és més que segura. Si algú arriba a llegir aquestes línies li prego que em perdoni la cal·ligrafia, no em trec les manyoples perquè tinc por que se'm congeli la mà. Perdoneu-me la tinta; també l'haig d'escalfar perquè no es glaci. Ho diré tal com raja. Les idees em ballen al cap.

Vam iniciar els preparatius per marxar a les onze de la nit del dia 22 i sortíem a les dues de la matinada del 23 del camp 4 cap amunt. L'Ang no havia passat gaire bé la tarda però en el moment de sortir es trobava recuperat. La nit era estelada, l'únic inconvenient era el vent que picava fort i la neu, més de mig metre de gruix. Vàrem haver d'anar desenterrant les cordes que havien instal·lat l'August i en Joan. Avançàrem lentament però amb seguretat. A les set arribàrem als vuit mil. Continuàrem ascendint a bon ritme. A les onze depassàvem la tenda d'emergència i ens faltaven sis-cents metres de desnivell per arribar al cim. Allí van començar els punts més delicats: un enorme esperó de roca, situat a la dreta del couloir Hornbein, exigia escalada. En aquest punt vaig rellevar l'Ang i en Nima, que havien anat obrint via a través de la neu fins aleshores. No volia que se'ns fes nit. Així que pujàrem pràcticament grimpant, només encordats. El vam circumdar per l'esquerra i, finalment, ens decantàrem cap a la dreta: l'havíem superat, érem ben bé al perfil de l'aresta, ràfegues de vent de més de cent quilòmetres per hora ens arrencaven de les roques i ens llançaven trossos de gel al damunt. No ho vaig comunicar a l'Alfred per no preocupar-lo. Del vessant del Tibet progressava una gruixuda capa de núvols, un mar tempestuós, blau gris, en combustió, el naixement del qual es perdia en l'horitzó inidentificable. Va ser esgotador. Em va animar molt de comprovar que, en superar el tram, ens separaven quatre-cents metres de desnivell del cim. Vaig trucar a l'Alfred per fer una dedicatòria. Em sentia cansada però molt satisfeta.

A les dues ens faltava poc per arribar als vuit mil cinc-cents metres. Des d'aquella altura, el mar de núvols passava per dessota els nostres peus, es tornassolava i semblava més blanc; vaig pensar en una aquarel·la impressionista. Van ser uns instants definitius. El Sagarmatha, així, aïllat, semblava una illa enmig del firmament on lluïa un sol que no escalfava.

Una mica més amunt començà un calvari de cornises que ja no ens abandonà. El vent hi espetegava amb violència glacial. El més terrible d'aturar-se per aguantar-li l'escomesa era que aleshores et glaçava de cap a cap.

En superar-ne una vam veure un cos, a mà dreta, assegut d'esquena, en posició fetal, mig enterrat pel gel, mirant vers la vall del Silenci, a un metre d'un daltabaix de més de dos quilòmetres de llargària. Les incisions del gel delataven que feia poc que n'havia saltat una capa gruixuda que devia cobrir-lo. No duia passamuntanyes i el vent li esbullava uns cabells negres, rígids, agrumollats per la congelació. Tots ens aturàrem. El miràrem una estona sense gosar d'anar-hi. Davant seu tenia la motxilla on devia recolzar el cap. En Nima s'hi apropà. El tocà. No es mogué. Evidentment feia molt de temps que era mort. El tibà pel braç; quelcom es mogué per dintre: una mà gèlidament blanca s'esmunyí de dins la màniga encartronada, amb els dits xuclats, esquelètics, només pell ennegrida i os, agafats per esgarrapar el vent. Li vaig dir a en Nima que tornés immediatament. No volia contemplar el rostre d'aquell home.

En tornar em digué:

—Lhakpa Dorge.

En Nima comentà a l'Ang Seng que Lhakpa Dorge era el fill de la pem estavellada que el Gran Lama havia prohibit de rescatar. No cal descriure la cara de l'Ang en rebre la notícia. L'Ang Seng s'assegué, atemorit, amb els ulls buidats sobre l'abisme. Em va trucar l'Alfred, perquè vam trigar a recuperar-lo, no li vaig comentar aquesta troballa tètrica... Li donàrem oxigen perquè tornava a presentar símptomes de mareig. Amb l'esgotament només havia calgut això...

Vàrem continuar. Quan era a uns metres no vaig poder evitar la temptació de mirar-lo encara, immòbil. Tenia ganes de perdre de vista aquell indret inhòspit. Ens havíem retardat però a les quatre superàvem els vuit mil sis-cents. El vent anà augmentant i ens formava capes de glaç a la cara i al vestit. Caminàvem com si portéssim armadura.

Quanta cornisa! Això és molt fatigant. No s'acaba mai. Estic molt cansada. Parir no deu costar tant. I aquesta boirina que puja. En fi, amunt. Apa! Una altra cornisa! N'hi deu haver cent al darrere. Jo ja no sé ni on sóc. Aquest parell que em segueixen com xais...

Caram! Em sembla que... Sí que m'ho sembla, sí... Tot queda per sota... Però si ja hi hem arribat! Ja hi som! Li estic gratant la closca al Txomo Lungma! ¡El sostre del món! L'Ang i en Nima fan cara de no fer-se'n càrrec. Un cop. Ara, reaccionen...

Sí, sí, és clar, ja ho comunico. Un moment... M'assec. Ai! Quina punxada! Què és això? Surt tres centímetres. De metall... Ostres! Si és el tres peus xinès! ¡Ha quedat enterrat per la neu! Quants metres devem tenir aquí sota? Bé, som-hi.

—Mireia a camp 3. Canvi.

Caram. Això no xiula...

—Mireia a camp 1. Cim fet a les sis de la tarda...

Bé. La ràdio no funciona. Aquests ni se n'adonen. Mira com s'abracen. I ara què diuen? Parlen tan de pressa que no entenc res. Treuen la bandera del Nepal. Ah, sí! ¡La catalana!

Queden bé totes dues juntes. I ara què fem? En teoria l'himne. Però què hi faig jo, cantant un himne? L'Ang i en Nima canten el del Nepal més rectes que un general. A mi que no m'empatollin. S'han fet moltes bestieses amb himnes per bandera, s'ha fet matar molta gent per una bandera. En canvi, jo només hi comprometo la meva pròpia vida...

M'han passat tots els mals. Aquest cim és com una dutxa d'aigua calenta. S'hi està bé i tot. Les banderes no haurien de ser d'exèrcits. Quedar-se cantant un himne i enviar gent perquè es mati en el seu nom és una fàcil enganyifa. Portar-la a l'Everest ja és una cosa més seriosa. Les banderes són allò que un dóna per elles. Durant anys m'he preguntat qui era i d'on. És molt clar, Catalunya i el Nepal són per a mi les persones que m'acompanyen en aquesta expedició, per elles donaria la vida. Elles són aquestes banderes. Per elles donaria aquests vuit mil vuit-cents quaranta-vuit metres. ¿Quants milionaris els pujarien pel seu país, per la seva gent? Déu meu! ¡Si que n'estic de lluny del mar!

...Em trobo cansada però bé... Que bé que s'hi està, aquí dalt...

....

Aquest parell continuen xerrant. Vaja! ¡Si gairebé ha passat una hora! I ni me n'he adonat... Se'ns farà fosc pel camí. No m'hi he fixat i fa estona que neva. Al final la neu ha arribat aquí dalt. I fort. Estem molt contents. Bé, una abraçada, primer l'Ang...

I després en Nima...

Caram! Quin petó de rosca m'ha fet! ¡Potser vol que baixi disparada! I em mira d'una manera... Té la volta del cel als ulls... I ara, ¿per què em ve al cap la Dolors a primer de BUP quan ens demanava a totes si ho faríem amb un negre? Deu ser que ja no em funcionen les neurones.

Baixar. Baixar... Ara neva molt fort. Superar les cornises.

Quin cansament després de fer les primeres passes. Tenim molt poca visibilitat i, des del cim de la muntanya, podem enfilar qualsevol aresta equivocada i estimbar-nos. L'oxigen per respirar, ara. L'Ang m'agafa la ràdio i part de la càrrega. No m'adono que baixem desencordats i feliços, com si sortíssim d'una festa.

Aquí hi ha massa camins. Des de dalt no distingeixes l'aresta oest de la tibetana o la de l'esperó sud. Les coses no es veuen igual a la pujada que a la baixada.

L'Ang diu que per aquí. Doncs endavant. Si no ens espavilem ens hi quedem. Deuen ser quarts de set. Ràpid. Torna a bufar el vent, la boira s'aixeca com si fos el fum d'un bosc incendiat. Aquest vent traïdor només et deixa al cim perquè t'hi estiguis una bona estona...

....

Au! Passet a passet. Dimoni! N'estem molt de cansats. Devem anar de tort. Aquest vent. Uh! Quin cop! Aquest vent és un túrmix i nosaltres el cafè que s'està barrejant amb el gel. Som ben bé a la zona on es forma el núvol de neu i se sent el soroll de tren. Déu meu! És eixordador com un tro.

Si ja no neva. És el vent que aixeca la neu. Un altre cop aquest tro. Passet a passet. I al terra n'hi queda mig metre. Ens hem d'ajuntar més. Si no ens perdrem de vista. No em senten. I els tinc a tres metres... Això és un infern blanc.

....

Caram, tu! Ara tornem a entrar en una esquerda. No hi fa tant vent. No hauria imaginat mai que el vent no dispersés la boira. És clar, ruca, no és boira, no; són núvols: el lloc on neixen les tempestes. Ens hem ficat en un túrmix de vent, gel i núvols. Molt bé, Mireia. Ho fas tan malament com saps. Fa estona que no veig l'Ang i ara amb prou feines segueixo en Nima. L'haig d'atrapar per encordar-nos. Costa de guanyar un parell de metres de diferència en aquestes altures.

Tinc clapes de gel enganxades al vestit. Això és un congelador. No tinc ni idea de si anem bé. Em continua fent mal un peu. Mal assumpte... No podem passar gaires hores d'aquesta manera. I si ens enxampa la nit...

Què ha estat aquest tro? En Nima s'ha quedat paral·litzat. Les mans em tremolen. Era molt més agut que els altres; esquinçava l'orella. Uf! Per fi t'atrapo Nima. Avall, nano, avall. Comença a aclarir. Sembla que el núvol ja no és tan violent. On deu ser l'Ang?

....

Em sento tan impotent. Són les set i només hem salvat dos-cents metres de desnivell. En Nima diu que això és molt perillós. Sí, encordem-nos. Encara haurem de fer bivac... Tenim dues hores de claror. Bé, deixem el túrmix. Ja era hora. No ho hauria aguantat gaire estona més. Quin mal el peu! Sota els meus peus més de vuit quilòmetres. No tornaré a veure mai un paisatge des de tanta altura. I l'Ang? Ara l'hauríem de veure... En Nima s'atura... Diu que deu haver caigut. No. No pot ser. Està espantat. Aquell tro esquinçador... Aquella ventada. No. No m'ho crec. Ens deu haver agafat avantatge. Deu ser en el clot d'alguna cornisa i no el veiem. Aquestes cornises des de dalt t'amaguen gairebé tot el relleu. Avall, Nima! Avall!

....

La motxilla de l'Ang estripada. Déu meu! Hem de buscar-lo. Li ha passat alguna cosa.

I la ràdio vés a saber on ha anat a parar.

Són tres quarts de vuit. L'Ang no apareix. Se'ns farà fosc aviat. Avall. Baixem, Nima. Si se'ns fa fosc tan amunt no aguantarem. En Nima segueix un solc gran que hi ha a la neu. Potser l'ha obert l'Ang en una caiguda...

I ara per què vol que em giri aquest. Déu meu!

L'Ang... Té el crani esberlat. ¿Com pot tenir les mans en posició de pregària si ha caigut des de cent cinquanta metres més amunt? En Nima em mira impàvid. ¿Com pot haver quedat tan ben estirat? ¿Cap per amunt damunt d'aquest roc? Els ulls d'en Nima m'insinuen una atrocitat. No vull ni pensar-hi. Ang! ¿Per què baixaves tan de pressa? Nima! ¡Aixeca't, galifardeu, que si no baixem ens hi quedarem per sempre! S'està fent fosc. Per què hi va ara. Nima! Les mans. Què toca a les mans?

Una flor de neu. ¡Li ha tret una flor de neu d'entre els dits! ¡Però si les flors de neu no creixen a més de sis mil metres! La devia dur a la motxilla. ¡Però si la motxilla s'ha estripat més amunt! No entenc res. Nima, avall! Tinc por. No havia tingut mai tanta por... I aquest en té més que jo. Parla de pressa, com si digués una oració. Si no li passo la bombona no es mourà. Està literalment paral·litzat. Jo aquí no et deixo, Nima; m'entens? Queden minuts per al fosc. Es recupera. Molt bé. Ja es lleva. Fugim! Fugim!

....

Bé. Ja és massa fosc. Hem fet poc tros des de la darrera parada. Això s'ha acabat. Serà millor que agafem el piolet i cavem un forat... Ens deuen faltar uns tres-cents metres de desnivell per al camp 5 d'emergència. El Txomo Lungma ens l'ha ben jugada. L'única carta que ens queda és la de mantenir-nos desvetllats. Cavo jo. Aquest està desfet.

....

Au! Cap a dins. No és gaire cosa però he trigat un parell d'hores a obrir l'esvoranc. Quina situació més fumuda. Se'ns ha acabat l'oxigen. No portem fogonet per fer aigua. Només unes galetes.

Mira'l! Per què plores? No ploris, home! ¡Si te'n sortiràs tu i jo no! Potser plora de veure'm a mi... Quina abraçada d'ós. T'estimo, Nima! T'estimo! ¡No t'ensorris tu, ara! Quina abraçada. Amb tan gruix d'anorac al damunt i encara li trobo les espatlles...

Mai no havia tingut tanta importància per a mi la vida d'una altra persona. T'estimo, Nima. Abraça'm fort. Així. M'agrada tant que m'abracis fort!

....

S'està morint de son. Com peses! Devem ser a trenta-cinc sota zero. El pitjor és la ventada. ¡No t'adormis que t'hi quedes! Així, una altra bufetada. ¿Què donaria jo ara per un cafè amb llet? Molt bé... Sembla com si estigués borratxo.

....

No t'adormis. Aquest ja no es desvetlla ni a cops. Bé. Ja t'agafo. Ja t'explicaré contes. Trossos de glaç al tapaneus. No em trobo els dits del peu des de fa hores...

Quin cel! ¡Des d'aquí dalt tinc un eixam d'estels a tocar!

Les set del matí. Més rígida que una pedra, encarcarada, buida. No tinc esma de fer ni un pas. És increïble. En Nima s'ha despertat i encara m'ajuda a incorporarme. Hem de baixar com sigui.

....

Quarts de set. El sol s'aixeca. Però aquí dalt el sol no escalfa. Quin mal el peu! Cada cop que el poso al terra sembla que se m'aixafi. Bé, Mireia. No t'enganyis. Ja saps el que et toca. A partir d'aquest moment la baixada és contra-rellotge. Sembla que la bota se m'hagi tornat deu números més petita. Aquest necessita oxigen. Anem de tort. I jo necessito un esmorzar a la granja Viader, ¡vetho aquí! Però aquell noi del bigoti no em durà el got de llet fins aquí, no és tan boig com jo. Noto que m'apago per moments. Ja no tinc voluntat de res. ¡És tan temptador asseure's a esperar!

Per aquesta aresta han arribat menys expedicionaris al cim que astronautes a la Lluna... Estem sonats. Sí, sí, ja baixo, ja...

....

Passet a passet. La boira ho ha tornat a envair tot. Espero que des de baix ens hagin vist i surtin a buscarnos. Cada cop hi ha més profunditat de neu. Recordaho, Mireia: dues inspiracions per cada espiració... Això. Vaig a pas de tortuga. No em respon la cama dreta... En

Nima em mira de tant en tant. Dec fer molt mala cara...

....

Què fa? Per què em porta per l'esquerra? Para, Nima. Cap allà caurem!

Aquest continua. No em fa cas.

Ara es para. Per què? Ah! L'home glaçat. Continua igual que ahir... Però per què hi va aquest? Nima, para! Uh! Quin mal de cap! I se'ns han acabat les aspirines... Què donaria jo per una aspirina? Ja t'entenc. Burxa dins la motxilla. No em fa gràcia. És just al daltabaix. Una bombona d'oxigen. Molt bé. Torna ràpid... Compte amb la cornisa...

Somriu. T'estimo. Què faria jo sense tu? No puc fer ni un pas. Si no me'n dóna quan arribi defalliré. Nima, t'enfonses massa en la neu de la cornisa. Pensa que abans d'ahir en devia caure un tros. ¿Com es deia «vés per la dreta» en xerpa?

Per la dreta, Nima! No m'entén... no surt de la cornisa. Com es deia en anglès? No em recordo de res... S'enfonsa més. Aniré a... Nima!

....

Quanta estona porto aquí asseguda? Se li ha inclinat al damunt i tots dos han caigut amb mitja cornisa. Faig la mateixa postura semifetal de Lhakpa Dorge abans de caure. La boira baixava de dalt i ho ha cobert tot de seguida. M'estic des de fa hores aquí sense una raó, consternada. El tobogan de la cornisa li ha cedit com una dalla. Quants centenars de metres deu haver caigut? I amb la caiguda s'ha endut Lhakpa Dorge amb la motxilla. La cara que feia quan li ha cedit i començava a caure... Com ha empès la bombona cap a mi en aquell just moment que veia com relliscava... Ha quedat penjant sobre l'abisme. Tant se val. Això s'ha acabat. No m'importa baixar. Aquí dalt estic més a prop seu.

No... Has de provar d'agafar la bombona. Sóc el peix a punt de picar l'ham de l'abisme...

Les olives... Sí... Al poble del pare collien les olives amb un pal llarg que tenia un ganxo al capdamunt. El piolet... Un tros de corda... Per la vàlvula... Això mateix. Ja està!

He agafat la bombona i he començat a respirar. La boira tornava a tapar-me. Al cap d'una estona l'ha tapat a ell. Començava a nevar. Estava bloquejada. M'he estat tant de temps en aquell daltabaix mirant en direcció a en Nima que al final se m'ha acabat la bombona. ¿Pensava? Sentia solament...

A poc a poc, m'he anat retrobant tot el cos paral·litzat per l'ensurt. El tenia parcialment cobert per la nevada. Se'm feia més palès que en Nima no hi era. Coneixia aquest fet però em negava a acceptar-lo. Només m'he mogut d'allí quan m'he imaginat congelada com el xerpa. Baixar fins a la tenda, m'he dit; i m'he obeït com un autòmat rovellat que fa les darreres passes.

Havia de faltar tan poc per al camp 5! He trobat un altre caminoi gruixut entre la neu. Algú el devia haver obert. O potser l'havia obert l'Ang quan pujàvem. Jo ja no entenia res. Feia un ample de dues persones. L'he seguit. No estava pas per obrir-ne, de camí. Em sembla que plorava...

Coixejava força. Quan l'altímetre marcava l'altura, la tenda no apareixia. Maleïda boira! Sóc a dins d'un núvol! El camí continuava avall però no l'he seguit. No podia fer ni un pas. Al final he vist una punta de tenda que sortia entre la neu. Gairebé havia quedat enterrada... He gratat com un gos. Hi he entrat. Descansar. Oxigen. La vida...

M'he despertat avui. Quantes hores han passat? Continua nevant. La tenda sembla un submarí en la neu. Crec que he dormit una tarda, tota la nit i un matí. Sigui com sigui hi porto moltes hores. El rellotge marcava les sis del dia 25. Jo amb la pota ranca. Per què no pugen? Ara em sento força recuperada. Podria encendre la tenda. Però... i si no em veuen? Em moriria sense cobert... Si no arriben aquesta nit, demà aniré cap a baix fins que rebenti. Podria encendre la tenda abans de marxar. És clar que a ple dia... ¿Aquest solc tan gran, el vam obrir nosaltres?

¿Què és aquesta ombra tan grossa que passa per la tela de la tenda?

QUARTA PART

EL SOMRIURE D'ORIENT

REUNIÓ URGENT AL CENTRE EXCURSIONISTA DE CATALUNYA

—Bé. En aquest punt, sobtadament, s'acaba el diari de la Mireia. No cal explicar per què en Josep tenia tant d'interès a fer-vos-el llegir i alhora temia extremadament de fer-vos-el conèixer. Com a president del Centre Excursionista de Catalunya jo ja he complert. Si sou tan amables d'esperar-lo...

La vam deixar allà dalt! ¡Vam confondre-la amb Lhakpa Dorge! Però com vam poder fer-ho? ¿Per què no va cremar la tenda? Amb congelacions de dies als peus, a temperatures de més de trenta i quaranta graus sota zero, la tenda coberta de neu, el vent glacial... devia quedar congelada aquella mateixa nit... O potser ja érem massa lluny per veure-la, al camp base, a quilòmetres de distància. L'Alfred s'ha quedat impàvid. Pot fer una bestiesa en qualsevol moment...

—Va morir congelada! I per culpa meva!

—Calma't, Alfred. A més de tres quilòmetres de distància difícilment podies distingir res. No sabies que existia un altre cos allí dalt.

—Per culpa meva. Vaig deixar-la allí dalt...

No m'escolta...

—Alfred! On vas? Vine!

El president truca a la secretària.

—Escolti... Sí... Ve cap aquí... Aturin-lo com sigui... Pot fer un disbarat... Molt bé... D'acord.

Uf! La situació salvada... Vam deixar que es congelés. Se'm posa la pell de gallina només de pensar-hi. Això sí que no m'ho esperava. Quina mort tan aspra i terrible! El president em demana...

—Octavi. Ja l'han atrapat. Des de secretaria m'anuncien que en Josep és a la plaça de Catalunya i agafa un taxi.

Ja el porten. Té la cara desfeta. S'ha ensorrat. Està molt afectat. Tots n'estem.

—Romà, Joan. ¿Què us sembla si aneu a prendre un conyac amb l'Alfred?

L'Alfred no diu res. Sembla absent. Haig de dir-li alguna cosa...

—Alfred...

—Alfred. Escolta'm.

Això va millor. Em mira...

—El que et va passar a tu podia haver passat a qualsevol. Si ho haguessis vist i haguessis pujat a buscar-la, tu també t'hi hauries congelat. Tots dos amb congelacions als peus no teníeu gaires hores de temps. ¿Oi, Antoni?

—És clar. És clar. I tant. L'Octavi no t'enganya, Alfred.

—Però hi podrieu haver pujat vosaltres...

Respiro. Contesta. Això va millor. L'Antoni em mira. Sí, ja ho sé. Tornem-hi.

—Nosaltres vam trigar divuit hores a salvar un desnivell de mil dos-cents metres sense equipar més de la meitat del trajecte i amb gran risc. Algun en va sortir amb congelacions menors. I vam tenir sort que no ens caigués una altra allau. No hauria permès una operació de salvament en dos dies i el triple de distància perquè n'hauríem perdut més d'un pel camí. Érem només sis i el coll del Lhola tallat... Vaig arriscar-me a congelacions de sis persones per salvar una vida. Però no m'hauria arriscat a perdre vides dels rescatadors per recuperar una persona semicongelada sense garanties d'arribar a baix. Encara que m'haguessis dit que era viva... Au, el conyac...

Uf! Sembla que ha recuperat una mica el gest. Pràcticament se l'enduen arrossegant-lo... Ara ve l'Antoni...

—Octavi...

—Digues.

—T'ho creus això que dius?

Em mira amb cara de conèixer la resposta.

—Com a cap de l'expedició no hauria ordenat ni autoritzat una operació de rescat en aquelles altures... Com a escalador hi hauria pujat jo sol.

—Amb uns quants almogàvers al darrere...

—Què vols dir?

—Que la cosa ja va quedar bé d'aquella manera. Jo també hi hauria anat. I el desastre hauria estat pitjor. El temps només ens va donar una treva de vint-i-quatre hores. Recorda com des que arribàrem al camp 1 fins als darrers contraforts de les glaceres de Khumbu, ja de tornada, nevava a bots i barrals. Som una colla de bojos: ens hi hauríem quedat encallats. El desastre hauria estat enorme. Va continuar nevant durant els quatre dies següents...

Continua mirant-me. Ara em sembla que som nosaltres els qui ens enfonsem. Hi hauríem anat, certament, hi haurien pujat encara que jo els ho hagués prohibit. De sobte ens quedem amb les ganes d'haver fet alguna cosa més que fugir espaordits. Ens sentim culpables...

—T'has fixat en la insistència que feia sobre els solcs de neu oberts abans d'arribar al camp d'emergència.

—No els podíem haver obert nosaltres. Ni l'Alfred. Ell no va passar més enllà del camp 3 després de les nevades...

L'Antoni està fent les mateixes cavil·lacions que jo em nego a acceptar.

—Devia delirar. Duia trenta hores per damunt dels vuit mil cinc-cents, la meitat del temps a trenta-cinc graus sota zero i només amb dues bombones.

S'apropa l'Òscar.

—Tu també vas veure solcs en la neu del camp 3, oi Òscar? Això també eren al·lucinacions?

La neu remenada del camp 3. El crit agut que ella va sentir i altres també. No... No pot ser...

—I en Roger. Descriu el soroll del vent als penitents gairebé igual que ella abans de la caiguda de l'Ang. I les quatre persones que veié la vella. Potser no s'hi veia tan malament aquella àvia...

En Romà ha tornat. Em mira donant la raó a l'Antoni... I ara s'apropa en Flip...

—Flip.

—Sí?

—Realment vas veure l'ombra d'un trencalòs l'any 80 en aquell camp d'altura?

Arronsa les espatlles. Tots ens el mirem...

—O vas veure una altra cosa?

En Flip no sap què respondre...

Tots vam veure massa coses estranyes... Em cal aire. La finestra... Fa estona que trona. Cau una pluja tèbia, fina, de seda. Quin clima més benigne, més humà, el de la Mediterrània. Recordo els nadals nevats al Pirineu: aquella neu de celebració familiar i de vacances, de joguina. ¿Podrà tenir el mateix sentit per a mi, algun dia, després de tot el que ha passat? ¡Vam deixar-te allí dalt sense saber-ho! ¿Pot haver-hi una cosa més cruel que la inconsciència?

Ara entra el president.

—Bé, nois. En Josep és aquí...

EL SOMRIURE D'ORIENT

Mira. En Josep. Entra ràpid. Duu la cremor del Nepal a les galtes. Porta un kata!

—Hola, Octavi. Com va això?

—Ja ho veus. El diari ha estat un cop molt fort.

—Ja m'ho penso. Per a mi també ho va ser. Excusa'm que us l'hagi amagat més d'un mes. Immediatament després de rebre'l, en Reinold Messner em va trametre un telegrama que em donava raons per no fer-vos saber el seu contingut. Vaig marxar al Nepal...

En Reinold Messner. L'home que havia fet l'Everest en solitari... El qui té la fama del millor escalador del món...

—Seieu. Us ho explicaré tot.

Tothom se'l mira. No sembla deprimit. L'estada al Nepal no li ha anat malament. Quan es va assabentar del desastre li va costar d'acceptar-ho, tenia una fe absoluta en la seva germana...

La gent va seient. Encara té la brillantor del vent als ulls...

—Què et va dir en Reinold Messner? ¿Per què has anat al Nepal?

No em fa cas. Acaba de topar amb l'Alfred. Com se'l

mira. Li tusta l'esquena. Se'l torna a mirar. Es tomba i s'asseu en la presidència de la taula. ¿Què volia dir-li amb aquella expressió de la cara: rancúnia? O perdó? ¿Què sap que nosaltres no hàgim vist? Quin silenci!

—Bé. Abans de tot vull agrair-vos l'atenció que vau tenir a informar-me transparentment de tot el que feia referència a l'expedició. Les meves preguntes començaren per un pur desig de saber el que havia passat i acabaren anant més enllà. Després de llegir-les i, amb l'arribada del diari de la Mireia a finals de novembre, un munt d'incògnites m'assaltaven amb impaciència.

En Josep va anar al Nepal perquè va lligar els mateixos caps que nosaltres quan hem acabat la lectura...

—El mes de novembre vaig rebre un telegrama d'en Reinold Messner. El millor alpinista del món continua la seva recerca del Ieti a l'Himàlaia. S'havia assabentat de la mort de la Mireia i de la trobada del diari per l'expedició romanesa que emprava la via de l'aresta oest. Per cert, l'expedició romanesa va fer cim ahir. M'ho van comunicar a Kathmandú per ràdio. Dalt del Txomo Lungma, hi van trobar la bandera catalana i la del Nepal, la qual cosa confirma que la possibilitat llunyana que la Mireia al·lucinés en les darreres planes del seu diari és negativa. El cim ha estat confirmat. El relat del diari és cert. Som el segon país del món després d'Eslovènia, país de l'estat iugoslau, que ha arribat al sostre del món per l'aresta oest, el primer que ho ha fet en període monsònic i el sisè del món a col·locar-hi una dona...

—I segurament el país que hi ha fet arribar el membre més jove...

—No hi havia pensat...

—Però, els nord-americans no havien pujat per aquesta aresta?

—Només ho van fer parcialment. No van fer l'aresta integral.

—Bé. Ja he enviat un comunicat a la premsa que sortirà demà. La resta de la història he volgut que primer la coneguéssiu vosaltres.

—Però que hi ha una resta que no coneixem?

—Sí. Jo no vaig anar al Nepal per comprovar un cim...

—I aleshores?

—En primer lloc, hi ha una carta que no coneixeu.

—Quina...?

—Una de la Mireia a en Reinold. ¿Sabeu què li demanava?... Si havia obtingut algun resultat en la recerca del Ieti.

—Vols dir que...

—Jo hi vaig veure una relació, i en Reinold també. Li podia haver formulat aquesta pregunta molt abans. La Mireia no el coneixia personalment. Havia de tenir algun motiu per adreçar-se-li amb una qüestió tan concreta. Aquest fet desvetllà l'interès d'en Reinold. Després de la lectura del diari s'adonà que hi havia algunes coses que no quadraven. És a la seva agudesa i no a la meva que devem la resolució de l'afer. En primer lloc els romanesos trobaren el diari en el camp 4.

—Però la Mireia redactà les últimes planes des del 5.

—Exactament. La Mireia ens dóna algunes dades que permeten d'afirmar que duia una congelació de més de trenta hores en un peu. ¿Com es traslladà del camp d'emergència al 4 ella sola?

—Tenia una agilitat excepcional...

—D'acord. Acceptem-ho. Però, ¿com entens que alesshores abandonés la motxilla al camp 4?

—Que no era a dintre de la tenda?

—No. L'expedició, quan trameté el diari, fou molt precisa. Deien que havien trobat el diari però no deien que haguessin trobat el cos. En Messner sabé que també havien localitzat la motxilla. Pujà fins al camp 4 miraculosament en peu. La Mireia abandonà la motxilla amb el contingut de supervivència dins la tenda. Un escalador no abandona una motxilla que li representa la vida a set mil sis-cents metres d'altura si no s'ha tornat boig...

—Estava molt preocupada perquè no pujàvem. Potser l'espera la va desesperar i...

—No ho crec. La Mireia estava rebentada, però l'estada al camp d'emergència i l'oxigenació li havien evitat el deliri agònic. No s'hauria abandonat. A les darreres línies del diari sembla decidida a baixar.

—Potser s'estimbà a les rodalies de la tenda...

—Després del camp base el camp 4 era el més pla de tot el recorregut... En Reinold ho veia molt clar. Algú l'havia ajudada. I ell estava segur de qui havia estat...

Quin silenci...

—Insinues que algú la baixà?

—En Reinold cercà el cadàver per totes les rodalies. Finalment anà a comprovar els estimbats per assegurar-se que ella no hi hagués tornat, cosa improbable pel mal temps i el seu estat. Em va explicar que eren desfigurats. A un, li mancaven extremitats. Però, per diversos detalls: l'estat de la descomposició, el número del peu, el sexe, l'equip... va veure que cap dels dos no era la Mireia. Tot el diari quedava confirmat i amb ell, la resta d'apreciacions que inicialment podien ser sospitoses de deformació. Això el va refermar en la seva tesi: un escalador no abandona mai la seva motxilla, viva o morta, algú l'havia baixada, el cadàver no apareixia, podia estar soterrat a la neu... Però, òbviament no podia comprovar aquest extrem. En Reinold deia que quan algú es congela en actitud de repòs no s'adona dels darrers moments... La immobilitat priva qualsevol individu de marxar del lloc; abans de morir no es pot concebre de fer els cent metres tanques fins arribar al daltabaix suïcida... La mort per congelació és lenta, inconscient...

—I aleshores?

—En Reinold Messner afirmava que cap membre de l'expedició havia pogut obrir aquells solcs. La possibilitat d'un roc enorme pendent avall que els hagués obert és remota: els solcs en la neu haurien anat vers el daltabaix... Per a en Messner hi havia algú... Li acabava de reblar la hipòtesi el crit esquinçador del vent. Al Txomo Lungma —ho deia per experiència— el soroll del vent és com l'estrèpit d'un tren, però no és com un crit agut i esquinçador, i encara menys si se sent des dels penitents...

En Flip Duarte hi assenteix. En Joan interromp.

—Sentí aquella fragor baixant del cim. La manca d'oxigen podia provocar-li al·lucinacions.

—Però als penitents no.

—Certament.

—I la mà gèlida que li palpà els cabells? ¿Eres tu Roger?

—Et juro que no.

—M'ho crec. I tanmateix ella parla d'una mà gèlida.

—En Reinold em va fer renéixer les esperances. Em va explicar tot això quan tornà al camp base romanès, on ens van acollir amb una hospitalitat que no oblidaré mai. Estava molt cansat i em digué:

»—Estic convençut que la Mireia no és sota la neu. Ho he remenat tot. Aquell *pillo* la va baixar! ¡L'haig de tenir més a prop que mai!

—Tot allò era al·lucinant. No sabia si refiar-me'n. Em demanà que fes indagacions entre els darrers a abandonar el camp base per veure si ens aportaven algun detall clarificador. Com que recordava el nom de l'oficial nepalès que us acompanyava me'n vaig anar cap a Kathmandú mentre en Reinold descansava. Quedàrem per trobar-nos a Nantxe Basar...

—I?

—La caminada fins a Kathmandú va ser llarga i cansada. Però l'esperança segellava la bellesa del paisatge. En vaig passar de tots colors per tornar a salvar aquells ponts de cordes que pengen cent metres damunt dels rius cabalosos, no hi estava avesat... Un cop a Kathmandú va ser fàcil de localitzar-lo. Em vaig adreçar a la guàrdia reial de fronteres i el vaig trobar a la mateixa caserna. Vaig actuar amb molt de tacte:

»—S'hi estigué bé el Gran Lama, al camp base?

»—Sí, molt bé.

»—Què féreu durant els dies que us hi vau estar?

»—Orar per la deessa de les neus.

»—No notàreu cap fet estrany?

»—No. Ens hi estiguérem poc temps. El quart dia el Gran Lama hagué d'abandonar el camp base perquè l'edat no li permetia d'allargar-hi l'estada i els altres monjos no anaven ben equipats.

—Quatre dies? Però si ens digueren que se n'hi estarien un parell...

—Quan digué això dels quatre dies vaig obrir els ulls com si fossin unes taronges. Ell notà que, sense adonar-se'n, m'havia revelat quelcom que jo no sabia; ho vaig veure perquè la seva faç hieràtica s'alterà. No li vaig poder treure res més...

Allò no era una ruqueria. Havíeu emparaulat dos dies amb el sírdar Ang Tsèring i l'oficial Krishna Kshatrias. I el Gran Lama n'hi romangué quatre perquè no n'aguantà més. No era lògic que el Lama, podent orar en l'escalforeta del temple, s'hagués empescat quatre dies allí al servei de l'esperit sant. Sé que els monjos del budisme tibetà tenen una estoica resistència, però el que no puc creure és que sigui tan gratuïta. Era una intuïció molt feble: allà n'havia passat alguna. Impacient, vaig córrer cap a Nantxé Basar per trobar en Tsèring... Tirava els dards per pura intuïció, no podia imaginar-me com anava d'encertat.

—Déu meu senyor! ¡Ara estic acabant d'entendre la profecia!

Què ha entès en Romà? Tothom se'l mira.

—Després us ho explicaré. Continua, Josep:

—Bé. En Tsèring em rebé a casa seva a contracor. En Reinold traduïa. Vaig tirar a ulls clucs.

»—Tsèring, he parlat amb en Krishna Kshatrias i m'ha fet saber allò del Gran Lama.

»—Excusa'ns, Sir. El Lama ens ho demanà en nom de Buda. Ens amenaçà amb el vagareig etern del nostre esperit fora del nirvana.

»—I aleshores per què ho vau fer?

»—Un xerpa sempre ha de fer cas al Lama. Li vam obrir pas fins al camp 1, sí, però no hi va arribar, nevava massa, tots els xerpes no eren prou per netejar-li la neu del camí; a més cal escalar per pujar el coll, no duia calçat adequat... Perdona'ns, Sir.

Amb aquesta resposta s'obria un panorama nou. M'havia d'haver adonat que el poder dels lames budistes era molt fort al Nepal.

Aquest poder s'estenia dins el mateix estat...Vaig continuar ja sense embuts...

»—Vau pujar més amunt, Tsèring? ¿Vau tornar a pujar més amunt?

En Tsèring no responia. Romania silenciós. Vaig repetir-li la pregunta. Aleshores afirmà:

»—Tu em vols mal, Sir. Si jo t'explico allò que no puc explicar-te, el Lama farà que Buda no deixi reposar el meu esperit. Em convertirà en un norpa i patiré tota l'eternitat.

»—Tsèring. Sóc el germà de la Mireia, el seu germà. Ho entens, això?

En Tsèring dubtava, caminava neguitosament pel terra sorrenc.

»—Prepareu-vos per un dia de camí. Si sou castigats, a mi no m'heu vist mai.

»—No pateixis.

L'endemà ens guià pels viaranys que portaven al Sagarmatha. Vaig tenir sort d'ells dos. M'ajudaven a fer passos difícils que m'esblaimaven.

Faltaven tres dies encara per arribar al camp base. A l'horabaixa ens digué:

»—Quan supereu aquesta carena trobareu el monestir

de Thiangbotxé. Entreu-hi. Demaneu pel Gran Lama. Digues-li que ets germà de la deessa de les neus, que ella t'ha fet saber on era revelant-te el setè mantra. I que has travessat mig món per comprovar que finalment ha assolit el setial dels déus.

—¿Com puc descriure el meu estat en aquells moments? M'estava dient que la meva germana era allí dins. Viva o morta? En Reinold embogia de felicitat. Vaig acabar de superar els dos quilòmetres agafat de la seva mà, com un germanet petit que comença de caminar... El bosc de les savines romania fantasmagòricament quiet en aquella horabaixa nítida, tranquil·la. Sentia una gran por i felicitat alhora.

Vàrem seguir fil per randa les instruccions d'en Tsèring. El porter s'ho va prendre silenciosament. Ens va fer esperar mitja hora llarga a la porta. Quan ens deixà entrar, ens dugué directament al Gran Lama. Ens rebé silenciosament. Jo no sabia si avançar. En Reinold em feia seguir movent la mà amagada rere les natges i fent pss... Li vam explicar la història. Vaig tenir sort d'en Reinold que em traduí. El Gran Lama reflexionà deu minuts llargs. Mirava el Tara-Buda. Ens demanà que l'acompanyéssim en la meditació. El Buda tenia unes grans òrbites als ulls, totes d'ivori i les ninetes d'atzabeja. Feia una mirada sorpresa, estranyada, interrogativa, com si et demanés permanentment alguna cosa que no saps, com si t'expliqués quelcom que no pots entendre. M'ha quedat gravada per sempre, aquella mirada. Deu minuts amb la incertesa més absoluta, els deu minuts de la meva vida que necessitaven més respostes. Deu minuts que esperàrem quiets i muts. Les grans bigues arbòries del sostre vigilaven la nostra quietud protegides per l'oceà de la fosca, un oceà que només era desplaçat per les innombrables espelmes amb les seves illetes de llum.

Finalment ens va conduir a través d'un passadís de parets grogues, escassament il·luminat, i ens abandonà en una estança de cinquanta metres de profunditat i deu d'amplària. Era tota moblada de fusta als costats. Uns armariets de mig metre per mig metre, a la base, n'hi devia haver dos-cents, amb dibuixos vegetals a les arestes i Mandales pintades —budes disposats i dibuixats en cercles— a dins de cada requadre, tots diferents: un univers de budes envoltant tot el recinte. Al damunt, hi tenien un munt de requadres d'un pam d'aresta, amb els contorns també treballats. Vaig tenir temps d'adonar-me que les arestes de cada quadre tenien els gravats diferents de les dels altres. Al final de la sala, la paret de deu metres es dreçava metàl·lica, àuria. Un munt de bandes es creuaven en diagonal creant una infinitat de rombs. Em semblà que les bandes eren també gravades però no ho distingia bé. Al mig hi havia una vitrina, dins de la qual podia contemplar-se una deessa de vuit braços en posició dansant, tota ella d'or i els ulls refulgentment maragdins. A banda i banda d'aquella capella hi havia dues portes obertes amb cortinatges. D'allí estant es podia veure una molt tènue llum d'espelma que indicava la presència humana a la sala contigua. Tot el recinte romania en una penombra marró i taronjada pels cedres.

A través de les cortines de la porta esquerra vaig veure que una figura s'aixecava i anava a sortir de la cambra. Quan les separà, vaig identificar que anava abillada a la faisó hindú. Era una figura femenina. S'anava acostant. En Reinold s'empassava la saliva. Estàvem paral·litzats. Aquella figura coixejava lleugerament de la cama dreta!

Quan arribà on l'esperàvem vaig veure que era la meva germana.

—La Mireia?

—Sí. La Mireia era allí.

Silenci total. L'Alfred no s'ho acaba de creure. Ens hem quedat amb un pam de nas.

—I què et va dir?

—Flip, ¿te'n recordes d'aquell esguard de boires que descrivies a la teva carta, aquell esguard d'aquell xerpa vell que havia arribat fins al cim?

—Sí.

—Doncs bé, quan em mirà ho féu de la mateixa manera. Somrigué franca, amb la mirada perduda enllà. Em vaig tranquil·litzar. La meva germana era feliç. No havia pronunciat cap mot i jo en tenia una seguretat absoluta. Vaig entendre la fal·lera alpinística de la Mireia. Vaig comprendre que només s'arriba a la felicitat quan s'aprèn que si els déus et deixen seure als seus setials només ho fan una vegada; que en la nostra petitesa només l'esforç més enllà de les nostres possibilitats et fa conèixer les contrades on ells juguen amb el vent, la neu i el fred com nosaltres amb l'aigua a les platges. Vaig copsar que el goig que pugui donar-te el perillós intent d'emular-los només pot romandre si entens que vas ser el més humil d'ells quan fores el més alt dels homes; que en la nostra perseverança només obtindrem el diví joc de la felicitat si sabem que només els podem robar unes curtes hores si no volem destruir el nostre cos. Vaig entendre que la felicitat és un menudíssim gra d'arròs daurat que no es compra ni es ven, el guanyes per uns moments i, quan el tornes a perdre, o el duus dins teu o seràs desgraciat per sempre més...

La Mireia em mirà després estranyada, com si intentés recordar alguna cosa. Em saludà en xerpa. Vaig parlar-li en la nostra llengua. Va fer la mateixa cara que si li parlés en xinès. Al cap d'uns minuts anava recordant coses... Patia una amnèsia com una casa. El fet que el seu germà vingués de l'altra punta del món la va sorprendre molt. No s'imaginava que els seus germans, si els tenia, cosa que tampoc no recordava, fossin de tan lluny. Els primers minuts van ser molt difícils. La seva ment es cansà molt. Vaig deixar-li unes fotografies familiars i unes altres de vostres. Li van anar molt bé. Vaig tornar-hi diversos dies; recuperà la memòria molt ràpidament; però no recordava res del camp 3 en amunt. Sembla com si en aquell punt hi tingués un forat negre... No va recordar res ni fent-li llegir la fotocòpia del seu propi diari.

Quan vam marxar s'imposà la kata a en Reinold i a mi. Ens demanà que us digués que es troba molt bé.

—¿Vas demanar-li al Gran Lama com la va localitzar?

—Sí. Segons ell la nit del 31 d'agost la trobaren a les portes del temple, a terra, delirant i sense motxilla. La portaren a l'hospital de Khunde per guarir-li la congelació del peu. Li hagueren d'amputar els dits. Segons el Lama, aquell qui obeïa la deessa de les neus l'havia obeït a ella. Si la deessa de les neus no l'havia occit a la llar de la divinitat és que la reconeixia com a tal. Per al Lama la prova irrefutable era que hagués estat obeïda i duta fins allí. En aquells moments, Romà, vaig intuir la profecia.

—És clar. M'he passat mesos intentant esbrinar què volia dir amb la llar de la divinitat.

—¿Què és?

—Fou un nom popular de l'Everest fins a mitjan segle XIX. No ho sabíem i, segons el Lama, vam deixar pujar la Mireia al lloc on els déus del budisme tibetà fan les seves conteses... Vaig trobar el nom per casualitat, en una citació a peu de plana del llibre de Christoph von Fürer Haimendorf *Les scherpas du Nepal*. El més bo és que havia llegit aquest llibre abans d'anar a l'Himàlaia i no me'n recordava del nom: Devadhunga. Resulta que el Ieti és sota la protecció de la deessa de les neus. A més el Ieti no ataca mai els qui duen la kata...

—Però, a veure: ¿vau tornar a parlar amb en Tsèring?

—Si. Camí de tornada. Estava molt content d'haver-nos-hi dut però, quan li demanava si havien arribat als camps superiors, l'única resposta que n'obteníem era un enigmàtic somriure: un somriure amable, però clos com una piràmide: el silenciós i hermètic somriure d'Orient. Quan ens acomiadàvem, les llumetes petites de Namtxe Basar semblaven aixoplugar-se en la volta estelada. Ja marxàvem quan en Tsèring ens digué:

»—Sir!

»—Digues.

»—Sé que a Occident uns grans homes ja morts que es deien grecs organitzaren ja fa molts anys uns jocs per emular els déus a la muntanya de l'Olimp. Uns jocs on els homes saltaven tanques per arribar primer a la meta. Corrien quilòmetres delejant el primer lloc. Llançaven la javelina delerosos per fer-la arribar més lluny que ningú...

»Al Nepal, per emular els déus no intentem córrer més ràpid ni ser els primers. Ens arribem als seus setials.

Pugem a la muntanya on viuen, Sir... Tant se val l'hora, el temps que hi esmercem o quan hi arribem perquè, un cop hem arribat a dalt, som part mateixa dels déus. I aquells que han guanyat aquesta revelació tindran sempre més la pau del nirvana. Vés en pau, estranger, perquè Buda és amb tu, qui duu la teva sang ha guanyat la dels nostres déus i ja ets una mica germà nostre.

—I aleshores ens féu la salutació d'estil hindú. Dins dels seus ulls hi havia l'enigma enorme i voluminós del que les seves mans assenyalaven: la volta estelada. Eren mans plegades vers l'infinit com un signe indesxifrable. Em vaig girar més d'una vegada per saludar-lo mentre fèiem camí: encara continuava amb la mateixa positura, immòbil en la llunyania, com l'estàtua d'un antic déu nocturn vetllant les nostres passes.

—I els xerpes?

—Després d'interrogar-ne uns quants ho vam deixar. El seu mutisme era de mòmies.

—Jo crec que hi van pujar.

—Amb quatre dies de nevades?

—No ho sé, noi. En Reinold no ho veu així. Però és que a mi em costa de creure el que afirma.

—Què és?

—La nit que ens acomiadàrem de la Mireia ens abraçà efusivament. Vaig sentir una emoció molt forta perquè amb aquella mena d'abraçada em demostrava que m'havia recuperat com a germà. En Reinold diu que quan se separà de mi li veié un amulet eixint entre la roba. Hi duia un floc de cabells de color atzabeja, gruixuts com els d'un porc espí, que desprenien una forta pudor de greix. Quan ell l'hi va mirar diu que la Mireia se'l va amagar en un moviment reflex. Jo ja marxava cap a la porta. Ell li preguntà d'on l'havia tret. Ella li respongué que sabia que el duia en el primer moment que recorda, estirada i febrosa a les portes del monestir. En Reinold m'explicà que li havia dit que no se'n separava mai, l'havia premut amb força durant els dolors de la congelació a l'hospital de Khunde, el Lama li deia que la protegiria. Li ho vam demanar, al Gran Lama, i ens ho va ratificar: el duia quan la reculliren a les portes del monestir, l'únic que hi afegí és que hi portava lligat una flor de neu. Quan ens acomiadàrem, en Reinold em digué que m'estava molt agraït: aquell amulet li demostrava que la seva recerca no havia estat endebades. Bé, senyor president. Si ho vol fer saber a la premsa.

—Amb molt de gust.

El president hi va. En Jordi està portant copes. En Romà es diu a ell mateix:

—La llar de la divinitat. Qui arriba al Txomo Lungma arriba al setial dels déus. Tota la neu... L'amulet de la llegenda de Pangbotxé...

En Josep no se l'escolta, riu...

—Ara recordo que la meva germana va néixer enmig d'una nevada. El meu pare li volia posar de nom Neus, però guanyà la mare que li volia posar Mireia. Ves quines coses...

—Bé, nois. Em sembla que ha arribat l'hora d'obrir el xampany que vam tornar a embolicar en el camp base i celebrar el cim.

Hi ha un sí general. En Jordi va a buscar les copes. Comentaris. L'Alfred ha deixat la seva postura lassa, enaiguada; vola com un àngel. L'August riu sol. ¿Què deu pensar?

—De què rius?

—M'ha vingut a la memòria la dutxa d'en Joan. Quan cantava *Il barbiero de Seviglia* perquè li passés el fred.

—Ah, sí! Quan arribà a l'ària de «il Figaro».

—Sí. Deu xerpes mirant-se'l i rient.

—Van veure que l'òpera italiana era un bon sistema per fer-se passar el fred que els provocava l'aigua de desglaç.

—Al cap de deu minuts deu xerpes es dutxaven cantant «il Figaro» a cor, imitant l'italià...

—Potser va ser l'escena més rocambolesca de tota l'expedició.

—Ens ho vam passar bé al capdavall.

—Home... Encara recordo l'Ang i en Nima, em ve un calfred quan hi penso. El seu somriure el tinc constantment present... És com si de tant en tant me'l portés una ràfega de vent de neu. Res no el pot substituir. ¿Què té la muntanya que et fa valorar més que mai les persones i després se te les endú d'una revolada?

—Hem de tornar-hi. A l'Ama-Dablam, per exemple, és al costat de la Mireia...

—A la muntanya sagrada dels xerpes? ¿Una de les més verticals? Tu estàs sonat!

—Eps, el xampany!

—L'Ama-Dablam, com una llança blanca que es clava en el firmament. Diamants que punxen el cel.

ÍNDEX